BIBLIOGRAFIA DE LA LITERATURA PICARESCA

A BIBLIOGRAPHY OF PICARESQUE LITERATURE

Bibliografá de la Literatura Picaresca

(Suplemento)

A Bibliography of Picaresque Literature

(Supplement)

by

JOSEPH L. LAURENTI

AMS PRESS
NEW YORK

Library of Congress Cataloging in Publication Data

Laurenti, Joseph L.
  Bibliografía de la literatura picaresca. Suplemento = A bibliography of picaresque literature. Supplement.

  Bibliography: p.
  Includes index.
  1. Picaresque literature—Bibliography. 2. Picaresque literature, Spanish—Bibliography. I. Title. II. Title: Bibliography of picaresque literature. Supplement.
  III. Laurenti, Joseph L. Bibliografía de la literatura picaresca.
  Z5917.P5L35 1981 Suppl. [PN3428] 016.80883'87 81-10796
  ISBN 0-404-18018-3   AACR2

Copyright © 1981 by AMS Press, Inc.
All rights reserved.

MANUFACTURED
IN THE UNITED STATES OF AMERICA

ÍNDICE GENERAL
TABLE OF CONTENTS

Págs.

Introducción / Introduction		vii-ix
Abreviaturas y Siglas / Abbreviations		xi
Abreviaturas de bibliotecas norteamericanas / Abbreviations of North American libraries		xxvii xxvii
I.	Bibliografías / Bibliographies	1
II.	Antologías / Anthologies	1
III.	Etimología de Pícaro / Etymology of Pícaro	4
IV.	Generalidades / General	4
V.	Relaciones literarias / Literary relations	20 20
VI.	Lazarillo do Tormes (1554)	41
VII.	Lazarillo de Tormes (1555)	64
VIII.	Segunda parte de la vida de Lazarillo de Tormes . . . (1620), por Juan de Luna	65
IX.	Lazarillo de Manzanares con otras cinco novelas (1620), por Juan Cortés de Tolosa	69
X.	El Guzmán de Alfarache (1599), por Mateo Alemán	70
XI.	Libro de Entretenimiento de la pícara Justina (1605), por Francisco López de Úbeda	77
XII.	La hija de Celestina (1612) por Alonso Jerónimo de Salas Barbadillo	80

v

XIII.	Relaciones de la vida del escudero Marcos de Obregón (1618), por Vicente Espinel	81
XIV.	La desordenada codicia de los bienes ajenos (1619), por Carlos García	83
XV.	El donado hablador Alonso (1624), por Jerónimo de Alcalá Yáñez y Ribera	84
XVI.	Historia de la vida del Buscón . . . (1626), por Francisco de Quevedo y Villegas	85
XVII.	La niña de los embustes, Teresa de Manzanares (1632), Aventuras del Bachiller Trapaza (1637), La Garduña de Sevilla (1637), Entremeses, por Alonso de Castillo Solórzano	100
XVIII.	Novelas amorosas y ejemplares (1635), por María de Zayas y Sotomayor	102
XIX.	El diablo Cojuelo (1641), por Luis Vélez de Guevara	108
XX.	Vida y hechos de Estebanillo González, hombre de buen humor . . . (1646)	113
XXI.	El Periquillo de las gallineras (1668), por Francisco Santos	117
XXII.	Vida, ascendencia, nacimiento, crianza y aventuras del doctor don Diego de Torres y Villarroel (1743)	118
XXIII.	Miscelánea / Miscellany	123
XXIV.	Adiciones / Addenda	143
XXV.	Referencias Bibliográficas / Bibliographical References	146
	Índice Onomástico / Index of Names	148

INTRODUCCIÓN

La presente bibliografía representa en realidad el primer Suplemento a nuestro volumen anterior: Bibliografía de la literatura picaresca . . . , publicado en 1973.

El cuerpo fundamental de este Suplemento lo forman las publicaciones periódicas y seriales publicadas entre 1973 y a principios de 1978, aunque éstas se han enriquecido con algunas fichas que omitimos en nuestro volumen enterior por dificultades de acoplamiento, surgidas a última hora.

La finalidad de este suplemento de hoy es, pues, proporcionar la reciente información bibliográfica sobre cualquier aspecto de la literatura picaresca, antipicaresca y pseudo-picaresca, es dicir, sobre todas aquellas cuestiones de índole literaria que faciliten y guíen a los estudiantes e investigadores de la literatura española y comparada en sus estudios y pesquisas. Inmediatamente se apreciará la asombrosa abundancia de ediciones, artículos y ensayos aparecidos desde 1973, lo cual nos permite dar una idea de lo fértil que es el campo de la literature picaresca en Europa y las Américas.

Como en nuestro volumen básico hemos utilizado numerosas siglas y abreviaturas. En general las abreviatras de las revistas y de las bibliotecas norteamericanas están compuestas respectivamente según las normas comunes de la Bibliografía Internacional de la MLA y del The Union Catalog Pre-Imprints 1956.

Me es grato expresar mis agradecimientos a todos mis colegas y amigos que han dado con gusto y generosidad su tiempo y saber a reseñar nuestro volumen básico y a suministrarme comentarios y sugerencias para la publicación de este suplemento de hoy.

Estoy particularmente agradecido a estas amables personas: Albert Ian Bagby, Giovanni Maria Bertini, Ruth Dougherty, Edwin S. Gleaves, Gerardo Grossi, Helmut Hatzfeld, Marie-Therese Laureilhe, André Nogue, A. Porqueras Mayo, Fritz Schalk, Giuliano Soria, José Simón Díaz y, en especial, a la ilustre señora P. Ontañón de Lope, del Anuario de Letras (México), y al más o menos anónimo autor de la reseña de mi volumen básico publicada en la revista Ínsula (Madrid) en 1975.

INTRODUCTION

The present bibliography represents in reality the first Supplement of our basic volume: A Bibliography of Picaresque Literature . . . published in 1973.

The fundamental body of this Supplement is composed of periodicals and serial publications published between 1973 and the beginning of 1978, although these may have been enriched with some entries omitted in our basic volume due to problems of assembly developed at the last moment.

The purpose of this present Supplement is, then, to provide recent bibliographical data on any aspect of picaresque, anti-picaresque and pseudo-picaresque literature, that is to say, on all those questions of a literary nature which will facilitate and guide the researchers of Spanish and comparative literature in their studies and inquiries. Immediately one will appreciate the enormous abundance of editions, articles and essays that have appeared since 1973, all of which gives us an idea of how fertile the field of picaresque literature in Europe and the Americas still is.

It is a privilege and a pleasure to express my appreciation to all my colleagues and friends who have given willingly and generously their time and knowledge to review our basic volume and to supply me with factual verification, comments and suggestions for the publication of this present supplement.

I am particularly grateful to the following: Albert Ian Bagby, Giovanni Maria Bertini, Ruth Dougherty, Edwin S. Gleaves, Gerardo Grossi, Helmut Hatzfeld, Marie-Therese Laureilhe, André Nogue, A. Porqueras Mayo, Fritz Schalk, Giuliano Soria, José Simón Díaz and, especially, to the illustrious Mrs. P. Ontañón de Lope, of the Anuario de Letras (México) and to that more or less anonymous author of the review of my basic volume published in Ínsula (Madrid) in 1975.

ABREVIATURAS Y SIGLAS
ABBREVIATIONS

AAL = Academia Argentina de Letras. Buenos Aires.
ABCA = ABC de las Américas. New York.
Ábside = Ábside. Mexico.
AC = Anales Cervantinos. Madrid.
ACul = Acento Cultural. Madrid.
ADL = Anuario de Letras. México.
AEM = Anuario de Estudios Medievales. Barcelona.
AFLC = Annali della Facoltà di Lettere e Filosofia dell 'Università di Cagliari. Sardegna.
AHT = Mary Ann Beck & E. Davis, José Hernández, Gary D. Keller & Isabel C. Taran, eds. The Analysis of Hispanic Current Trends and Methodology. Jamaica: Bilingual P., 1976. (York Coll.).
AIA = El Album Ibero-Americano. Madrid.
AIEM = Anales del Instituto de Estudios Madrileños. Madrid.
AION-SR = Annali dell'Istituto Universitario Orientale di Napoli--Sezione Romanza. Napoli.
Al Andalus = Al Andalus. Madrid.

xi

ALE	= Anales de la Literatura Española. Madrid.
ALH	= Anales de Literaturas Hispanoamericanas. Alcalá de Henares.
Alhambra	= La Alhambra. Granada.
ALM	= Anuario de Letras. México.
APCG	= Actas del primer congreso internacional de hispanistas sobre Galdós (agosto-septiembre 1973). Las Palmas, Gran Canaria Madrid: Eds. del Exmo. Cabildo Insular de gran Canaria, 1977. 507 pp.
APE	= Actes Picaresque Espagnole. Paris: Études Sociocritiques, 1976.
APEu	= Actes Picaresque Europeenne. Études Sociocritiques. Montellier, Université Paul Valery, 1978. 1 vol.
Arbor	= Arbor. Revista General de Investigación y Cultura. Madrid.
Arcadia	= Arcadia. Berlin.
ArH	= Archivo Hispalense. Sevilla.
Archivum	= Archivum. Revista de la Facultad de Filosofía y Letras Oviedo.
ASCIH	= Actas del Segundo Congreso Internacional de Hispanistas Nimega, Instituto Español de la Universidad, 1967.
ASCIT	= Actas del Sexto Congreso Internacional de Hispanistas. Toronto, 1977 (En prensa / in press).

AT	= Anales Toledanos. Toledo.
ATCIH	= Actas del Tercer Congreso Internacional de Hispanistas México: El Colegio de México, 1970.
Atlántida	= Atlántida. Madrid.
AUM	= Anales de la Universidad de Murcia. Murcia.
AUSB	= Annali della Facoltà di Lettere e Filosofia dell'Università degli Studi di Bari. Bari.
BAAL	= Boletín de la Academia Argentina de Letras. Buenos Aires.
BABLB	= Boletín de la Real Academia de Buenas Letras. Barcelona.
BC	= Bulletin of the Comediantes. Madison, Wisconsin.
BCB	= Boletín Cultural Bibliográfico. Bogotá.
Belfagor	= Belfagor. Firenze.
BFLS	= Bulletin de la Faculté de Lettres. Strassbourg.
BFM	= Boletín de Filología. Montevideo.
BH	= Bulletin Hispanique. Bordeaux.
BHS	= Bulletin of Hispanic Studies. Liverpool.
BRAB	= Boletín de la Real Academia de Buenas Letras. Barcelona.
BRAE	= Boletín de la Real Academia Española. Madrid.
Broteria	= Broteria. Lisboa.
BSHM	= Boletín de la Sociedad Española de la Historia de la Medicina. Madrid.

B'sM	= Blackwood's Magazine. Seattle, Washington.
BSMP	= Bulletin de la Classe des Lettres et de Sciences Morales et Politiques. Bordeaux.
BSS	= Bulletin of Spanish Studies. Liverpool.
CA	= Cuadernos Americanos. México.
CAP	= Cuadernos de Arte y Poesía. Quito, Ecuador.
CCC	= Cuadernos para el Congreso de la Cultura. Paris.
CdL	= Cuadernos de Literatura. Madrid.
CHA	= Cuadernos Hispanoamericanos. Madrid.
CIH	= Cuadernos para Investigación de Literatura Hispánica [s.l.-n.p.]
CIIL	= XVII Congreso del Instituto Internacional de Literatura Iberoamericana: El barroco en América; Literatura hispanoamericana; Crit́ica histórico-literaria hispanoamericana. Madrid: Cultura Hispánica del Centro Iberoamericano de Cooperación; Centro Iberoamericano de Cooperación, Univ. Complutense de Madrid, 1978. 3 vols.
CL	= Comparative Literature. Eugene, Oregon.
CLE	= Cuadernos de Literaturas Española. Buenos Aires.
Coloquio	= Coloquio. Letras. Lisboa.
Critique	= Critique. Paris.
CrSMF	= Critique. Studies in Modern Fiction. Minneapolis, Minnesota.

A BIBLIOGRAPHY OF PICARESQUE LITERATURE

CdF	= Cuadernos de Filología. Valparaiso, Chile.
DAI	= Dissertation Abstracts International. A Guide to Dissertations and Monographs available in Microfilms. Ann Arbor, Michigan. University Microfilms.
Daphnis	= Daphnis. Zeitschrift fuer Mittlere Deutsche Literatur. Berlin.
DHR	= Duquesne Hispanic Review. Pittsbourgh.
DLL	= Dialog: Literatur und Literaturwissenschaft im Zeichen deutsch-französichen Begegnung. Festgabe fur Josef Kunz. Hrgs. Reiner Schonhaar. Berlin: E. Schmidt, 1973. 1 vol.
Diss.	= Dissertation / Tesis doctoral.
DSS	= XVIIe Siècle (Société d'Étude du XVIIe Siècle) Paris.
Eco	= Eco. Bogotá.
ECS	= Eighteenth Century Studies. Davis-Berkeley, California.
EdQ	= Educación de Quito. Quito, Ecuador.
Educación	= Educación. Quito, Ecuador.
EE	= Enlightenment Essays. Chicago.
EFil	= Estudios Filológicos. Valdívia, Chile.
EH	= España Hoy. Madrid.
EHJA	= Estudios de Literatura Hispanoamericana en Honor de José L. Arrom. Editados por Andrew P. Debicki y Enrique Pupo-Walker.
EIU	= Erudición Ibero-Ultramarina. Madrid.

EJ	= The English Journal. Chicago.
EL	= Estafeta Literaria. Madrid.
ELHH	= Estudios Literarios de Hispanistas Norteamericanos Dedicados a Helmut Hatzfeld con Motivo de su 80 Aniversario. Compilado y Editado por: Josep M. Sola - Solé, Alessandro Crisafulli and Bruno M. Damiani. Washington, D.C. The Catholic University of America. Barcelona: Edics. Hispam, 1974.
ENdA	= El Nacional de¡Ahora!. Santo Domingo, República Dominicana.
ERUP	= Équipe de Recherche no. I. Groupe no. 3, Université de Paris VIII. Culture et marginalites au XVIe Siècle. (Documents et Travaux de l'équipe de Recherche Culture et Société au XVIe siècle) Tome I. Paris: Klincksieck. 124 pp.
Excelsior	= Excelsior. Diorama de la Cultura. México.
ExTL	= Explicación de Textos Literarios. Sacramento, California.
FdL	= Forum der Letteren. Leiden, Neth.
Filología	= Filología. Buenos Aires.
FJS	= Fu Jen Studies. Republic of China.
FMLS	= Forum for Modern Language Studies. St. Andrew, Scotland.
FSt	= Furnam Studies. Furnam University Bulletin. Greenville, S.C.

Gegenwart = Die Gegenwart. Berlin.
Genre = Genre. Norman, Oklahoma.
HAHR = Hispanic American Historical Review. Durham, North Carolina.
HAP = Homenaje a Antonio Pérez Gómez. Cieza, 1978.
HAR = Homenaje a Ángel Rosenblat en su 70 Años. Estudios Filológicos y Lingüísticos. Caracas 1973.
HCB = Homenaje a Julio Caro Baroja reunido por Antonio Carreira Jesús Antonio Cid, Manuel Gutiérrez Esteve y Rogelio Rubio. Madrid: Centro de Investigaciones Sociológicas, 1978, 1089 pp.
HCer = Homenaje a Cervantes, ed. by Francisco Sánchez-Castañer, II Estudios Cervantinos, Mediterráneo 1959.
HEES = Homenaje a Eleazar Huerta. (Estudios Filológicos, no. 1) 1965. Valdívia, Chile.
Hesperias = Bugliani, Americo, ed. The Two Hesperias: Literary Studies in Honor of Joseph G. Fucilla on the Occasion of His 80th Birthday. Madrid: Porrúa, 1977. 369 pp. (Studia Humanitatis).
Hispania = Hispania. A Journal Devoted to the Interest of the Teaching of Spanish and Portuguese. Menasha, Wisconsin.
Hispanófila = Hispanófila. Madrid.

HJC	= Homenaje a Joaquín Casalduero. Crítica y poesía ofrecidos por sus amigos y discípulos al cuidado de Rizel Picus Singele y Gonzalo Sobejano. Madrid: Gredos, 1972. 510 pp.
HLH	= Homenaje al Instituto de Filología y Literatura Hispánica "Dr. Amado Alonso" en su Cincuentenario. Buenos Aires, 1975. 1 vol.
HMC	= Homenaje al prof. Muñoz Cortés. 2 Vols. Murcia: Universidad de Murcia, 1977. 893 pp. [2 vols.].
HRM	= Homenaje a la Memoria de Antonio Rodríguez Moñino (1910-1970). Madrid: Castalia, 1975. 1 vol.
HODA	= Homenaje Ofrecido a Dámaso Alonso. Madrid 1966.
Horizontes	= Horizontes. Ponce, Puerto Rico.
HR	= Hispanic Review. Philadelphia.
HSHM	= Hispanic Studies in Honor of Jospeh Manson. Edit. by Dorothy M. Atkinson and Anthony H. Clarke. Oxford: The Dolphin Book Co. ltd. 1972.
Iberia	= Iberia. Bulletin. Bordeaux.
I&L	= Ideology and Literature. Minneapolis, Minnesota.
Idea	= La Idea. La Havana.

A BIBLIOGRAPHY OF PICARESQUE LITERATURE

IFR	= International Fiction Review. Fredericton, N.B. Canada.
ILRK	= Issues in Linguistics. Papers in Honor of Henry and Renée Kahane, ed. by Braj B. Kachru, Robert B. Yakov Malkiel, A. Pietrangeli, and Sol Soporta. University of Illinois Press. Urbana-Chicago-London 1973.
Ínsula	= Ínsula. Madrid.
Inti	= Inti. Univ. of Connecticut, Storrs, Conn.
IR	= Ibero-Romania. Zeitschrift für Spanische, Portugiesische und Katalanische Sprache und Literatur. München.
Italica	= Italica. Evanston, Illinois.
IVWP	= Interpretation und Vergleich. Festschrift fur Walter Pabst, Herausgegeben von Eberhard Leube und Ludwig Schrader. Berlin: Erich Schmidt Verlag, 1972.
JAF	= Journal of American Folklore. Los Angeles.
JdL	= Jahrbuch der Literatur. Hamburg.
JAL	= Journal of Arabic Literature. Leyden.
JAS	= Journal of American Studies. Cambridge-London.
JEGP	= Journal of English and Germanic Philology. Urbana, Illinois.
JHPh	= Journal of Hispanic Philology. Tallahassee, Florida.

JHLBS	= A Journal of Hispanic and Luso-Brazilian Studies. Minneapolis, Minnesota.
KRQ	= Kentucky Romance Quarterly. Lexington, Kentucky.
LdD	= Letras de Duesto. Duesto.
LeS	= Lingua e Stile. Bologna.
LF	= Letras Femininas. Boulder, Colorado.
Littera	= Littera. Dokumente, Berichte, Kommentare. Frankfurt.
LLM	= Les Langues Modernes. Paris.
LLN	= Les Langues Néo-Latines. Paris.
LLR	= Le Lettres Romanes. Louvain.
LM	= Letterature Moderne. Milano.
LSp	= Rheinfelder, Hans, Pierre Christophorov, and Eberhard Muller-Bochat, eds. Literatur und Spiritualität: Hans Sckommodau zum siebzigsten Geburtstag. München: Fink, 1978. 280 pp. (Münchener Romanistisches Arbeiten 47.).
LuK	= Literatur and Kritik. Wien.
MAJR	= Mélanges a la mémoire d'André Joucla-Ruau. [Aix - en Provence] Éditions de l'Université de Provence, [Paris: Diffusion, Ophrys] 1978. 2 vols.
Mayurqa	= Mayurqa. Estudio General Luliano. Palma de Mallorca.
MeH	= Medicina e Historia. Pla - Narbona.

Mester	= Mester. Revista Literaria de Estudiantes Graduados. Los Angeles, California.
MGR	= [Jones-Davies, Marie-Therese, ed.] Misère et Gueuserie au temps de la Renaissance. Paris: Univ. de Paris-Sorbonne, Inst. de Recherches sur les Civilisations de l'Occident Mod., 1976, 144 pp.
MHRA	= Modern Humanities Research Association. Cambridge.
MIs	= Mugeres en la Isla. Las Palmas, Gran Canaria.
MIS	= Miscellanea de Studi Ispanici. Pisa.
MLN	= Modern Language Notes. Baltimore.
MLR	= Modern Language Review. Cambridge, England.
Monatshefte	= Monatshefte für deutschen Unterricht, deutsche Sprache und Literatur. Frankfurt.
MP	= Mercurio Peruano. Lima.
MPF	= Mélanges de linguistique et de philologie romanes dediés a la mémoire de Pierre Fouché (1891-1967). Paris: Éditions Klincksieck, 1970. (Études Linguistiques XI).
NA	= Nuova Antologia. Roma.
Names	= Names. Berkeley, California.
NDL	= Neudrucke deutscher Literaturwerke des XVI. und XVII. Jahrhunderts. Halle.
Neohelicon	= Neohelicon. Budapest.
Neophilologus	= Neophilologus. Groningen, Netherlands.

Novel	= Novel. Providence, Rhode Island.
NRFH	= Nueva Revista de Filología Hispánica. Mexico.
NS	= De Neuren Sprachen. Frankfurt.
OL	= Orbin Letterarum. Copenhagen.
PBSA	= Papers of the Bibliographical Society of America. New York.
PMLA	= Publications of the Modern Language Association. Menasha, Wisconsin.
PNFL	= Proceedings: Pacific Northwest Conference on Foreign Languages. (April 28-29, 1972) [and] (May 4-5, 1973). Western Washington State College, vols. 23-24. Corvallis: Oregon State University.
PQ	= Philological Quarterly. Iowa City, Iowa.
Prohemio	= Prohemio. Madrid-Pisa.
PSA	= Papeles de Son Armadans. Palma de Mayorca.
QIA	= Quaderni Ibero-Americani. Torino.
RABM	= Revista de Archivos, Bibliotecas y Museos. Madrid.
RBPH	= Revue Belge de Philosophie et Histoire. Bruxelles.
RByD	= Revista Bibliográfica y Documental. Madrid.
RCEH	= Revista Canadiense de Estudios Hispánicos. Toronto.
RdB	= Revue de Belgique. Bruxelles.
RdL	= Revista de Literatura. Madrid.
RdP	= Revue de Paris. Paris.

RdU	= Revista de la Universidad. Panama City, Panama.
REH	= Revista de Estudios Hispánicos. Drawer, Albama.
Renascence	= Renascence. A Critical Journal of Letters. Milwaukee, Wisconsin.
RevEH	= Revista de Estudios Hispánicos. Puerto Rico.
RF	= Romanische Forschungen. Koln.
RFE	= Revista de Filología Española. Madrid.
RGLJ	= Revista General de Legislación y Jurisprudencia. Madrid.
RH	= Revue Hispanique. Paris-New York.
RHM	= Revista Hispánica Moderna. New York.
RI	= Revista Iberoamericana. Pittsburgh, Pa.
RIb	= Ruedo Ibérico. Madrid.
RIE	= Revista de Ideas Estéticas. Madrid.
RJ	= Romanistiches Jahrbuch. Hamburg.
RL	= Revista Lotería. Panama.
RLC	= Revue de Littérature Comparée. Paris.
RLR	= Revue des Langues Romanes. Montpellier.
RMC	= Revista Musical Chilena. Santiago de Chile.
RN	= Romance Notes. Chapel Hill, N.C.
RR	= The Romanic Review. New York.
RRWP	= Weimann, Robert, ed. Realismus in der Renaissance: Aneignung der Welt in der erzahlenden Prosa. Berlin: Aufbau, 1977. 808 pp.

RUM   = Revista de la Universidad de Madrid. Madrid.

RyF   = Razón y Fe. Madrid.

SBT   = Studies in Burke and His Time. New York.

SdR   = Strenna dei Romanisti. Roma.

Segismundo = Segismundo. Revista de teatro. Madrid.

SGHM   = Sprache und Geschichte: Festschrift für Harri Meier zum 65 Geburtstag. hrsg. von Eugenio Coseriu. München: Fink Verlag, 1971.

SHHL   = Studia Hispanica in Honorem R. Lapesa. (Busto, Eugenio de, ed.) Madrid: Edit. Gredos, 1975, 3 vols.

SHL   = Studies in Hispanic History and Literature ed. by B. Joseph. Jerusalem: Hebrew University, 1974.

Signos   = Signos. Valparaiso.

SIGS   = Spanish Literatur im Goldenen Zeitalter. Fritz Schalk zum 70. Geburtstag. Frankfurt am Main: Vittorio Klostermann, 1973.

SIHF   = Studia Iberica. Festschrift für Hans Flasche. Eds. Korner, Karl-Hermann, & Klaus Ruhl. Bern: Francke Verlag, 1973.

SinN   = Sin Nombre. Río Piedras, Puerto Rico.

SIs   = Studi Ispanici. Pisa: U. P.

SLIA   = Studi di Letteratura Ispano-Americana. Milano-Varese.

SLL	= Nelson, Charles, ed. Studies in Language and Literature. Proceedings of the 23rd Mountain Interstate Foreign Language Conference. Richmond: Dept. of Foreign Langs., Eastern Kentucky University, 1976. 611 pp.
SLS	= Studi di Letteratura Spagnola. Roma.
SN	= Sin Nombre. San Juan, Puerto Rico.
SNeo	= Studia Neophilologica. Uppsala.
SPEW	= Studies in Spanish Literature of the Golden Age Presented to Edward M. Wilson. Edited by R. O. Jones. London: Tamesiis Book Limited, 1973. (Col. Tamesiis. Serv. A 30).
SPhDA	= Studia Philologica. Homenaje Ofrecido a Dámaso Alonso. Madrid, 1963.
SRev	= Saturday Review of Literature. New York.
Steaua	= Steaua. Bucharest, Romania.
SVEC	= Studies on Voltaire and Eighteenth Century. Oxford.
Symposium	= Symposium. A Quarterly Journal in Modern Literatures. Syracuse, N.Y.
Tauta	= Tauta. Kaunas.
TCQ	= The Critical Quarterly. Hull, England.
Thesavrvs	= Thesavrvs. Boletin del Instituto Caro y Cuervo. Bogotá.
TLS	= Times Literary Supplement. London.

TnD	= Sanz Villanueva, Santos, & Carlos J. Barbachano, eds. Teoría de la novela. Madrid: Sociedad Gen. Española de Librería, 1976. 533 pp.
Torre	= La Torre. Río Piedras, Puerto Rico.
TSLL	= Texas Studies in Literature and Language. Austin, Texas.
Urbe	= L'Urbe. Roma.
Vortice	= Vortice: Literatura y Critica. Stanford, California.
WB	= Weimarer Beitrage. Weimar.
Weltwoche	= Die Weltwoche. Zürich.
Words	= Words: Wai - Te Ata Studies in Literature. Wellington, New Zealand.
WSCL	= Wisconsin Studies in Contemporary Literature. Madison, Wisconsin.
WZUB	= Wissenschaftliche Zeitschrift der Humbold-Universitat zu Berlin. Gesellschafts - und Sprachwissenschaftliche Reihe. Berlin.
Yelmo	= Yelmo. La Revista del Profesor de Español. Madrid.
YFS	= Yale French Studies. New Haven, Connecticut.
ZDPh	= Zeitschrift für Deutsche Philologie. Halle.

ABREVIATURAS DE BIBLIOTECAS NORTEAMERICANAS
ABBREVIATIONS OF NORTH AMERICAN LIBRARIES

AAP = Auburn University, Auburn, Alabama.

AMAU = Air University Library, Maxwell Air Force Base, Montgomery, Alabama.

AU = University of Alabama, University, Alabama.

AzU = University of Arizona, Tucson, Arizona.

CaBVaU = University of British Columbia, Vancouver, Canada.

CFS = Fresno State College, Fresno, California.

CLU = University of California at Los Angeles.

CLSU = University of Southern California, Los Angeles.

CoU = University of Colorado, Boulder, Colorado.

CSt = Stanford University Libraries, Stanford, California.

CtU = University of Connecticut, Storrs, Connecticut.

CtW = Wesleyan University, Middletown, Connecticut.

CtY = Yale University, New Haven, Connecticut.

CU = University of California, Berkeley, California.

CU-3 = University of California, San Diego, California.

DeU = University of Delaware, Newark, Deleware.

DLC = U.S. Library of Congress, Washington, D.C.

FMU = University of Miami, Coral Gables, Florida.

FTaSU	=	Florida State University, Tallahassee, Florida.
FU	=	University of Florida, Gainsville, Florida.
GEU	=	Emory University, Atlanta, Georgia.
GU	=	University of Georgia, Athens, Georgia.
IaU	=	University of Iowa, Iowa City, Iowa.
ICN	=	Newberry Library, Chicago, Illinois.
ICU	=	University of Chicago, Chicago, Illinois.
IEN	=	Northwestern University, Evanston, Illinois.
INS	=	Illinois State University, Normal, Illinois.
InU	=	Indiana University, Bloomington, Indiana.
IU	=	University of Illinois, Urbana-Champaign, Illinois.
KMK	=	Kansas State University, Manhattan, Kansas.
KU	=	University of Kansas, Lawrence, Kansas.
KyU	=	University of Kentucky, Lexington, Kentucky.
LNHT	=	Tulane University Library, New Orleans, Louisiana.
LNT	=	Tulane University, Latin American Library, New Orleans, Louisiana.
LU	=	Louisiana State University, Baton Rouge, Louisiana.
MB	=	Boston Public Library, Boston, Massachusetts.
MdBJ	=	Johns Hopkins University, Baltimore, Maryland.
MdBP	=	Peabody Institute, Baltimore, Maryland.
MDelC	=	Wellesley College, Wellesley, Massachusetts.
MdU	=	University of Maryland, College Park, Maryland.
MeB	=	Bowdoin College, Brunswick, Maine.
MH	=	Harvard University, Cambridge, Massachusetts.

A BIBLIOGRAPHY OF PICARESQUE LITERATURE

MiDW	= Wayne State University, Detroit, Michigan.
MiEM	= Michigan State University, East Lansing, Michigan.
MiU	= University of Michigan, Ann Arbor, Michigan.
MMet	= Tufs University, Medford, Massachusetts.
MnU	= University of Minnesota, Minneapolis, Minnesota.
MoSW	= Washington University, St. Louis, Missouri.
MoU	= University of Missouri, Columbia, Missouri.
MShM	= Mount Holyoke College, South Hadley, Massachusetts.
MU	= University of Massachusetts, Amherst, Massachusetts.
MWA	= American Antiquarian Society, Worcester, Massachusetts.
MWAC	= Assumption College, Worcester, Massachusetts.
NBC	= Brooklyn College, Brooklyn, New York.
NBuB	= State University of New York at Buffalo, Buffalo, New York.
NcD	= Duke University, Durham, North Carolina.
NcGU	= University of North Carolina at Greensboro, North Carolina.
NcU	= University of North Carolina, Chapel Hill, North Carolina.
NIC	= Cornell University, Ithaca, New York.
NjMD	= Drew University, Madison, New Jersey.
NjP	= Princeton University, Princeton, New Jersey.
NjR	= Rutgers-The State University, New Brunswick, New Jersey.

NN	= New Public Library, New York, N. Y.
NNC	= Columbia University, New York, N. Y.
NNH	= Hispanic Society of America, New York, N. Y.
NNR	= University of Rochester, Rochester, New York.
NSyU	= Syracuse University, Syracuse, New York.
OC	= Public Library of Cincinnati and Hamilton County, Cincinnati, Ohio.
OCl	= Cleveland Public Library, Cleveland, Ohio.
OClCS	= Case Institute of Technology, Cleveland, Ohio.
OClU	= Cleveland State University, Cleveland, Ohio.
OClW	= Case Reserve Historical Society, Cleveland, Ohio.
OCU	= University of Cincinnati, Cincinnati, Ohio.
ODW	= Ohio Wesleyan University, Deleware, Ohio.
OkU	= University of Oklahoma, Normal, Oklahoma.
OO	= Oberlin College, Oberlin, Ohio.
OOxM	= Miami University, Oxford, Ohio.
OrU	= University of Oregon, Eugene, Oregon.
OU	= Ohio State University, Columbus, Ohio.
OWorP	= Pontifical College Josephinum, Worthington, Ohio.
PBm	= Bryn Mawr College, Bryn Mawr, Pennsylvania.
PP	= Free Library of Philadelphia, Philadelphia, Pennsylvania.
PPiU	= University of Pittsburgh, Pittsburgh, Pennsylvania.
PPL	= Library Company of Philadelphia, Philadelphia, Pennsylvania.
PPT	= Temple University, Philadelphia, Pennsylvania.

A BIBLIOGRAPHY OF PICARESQUE LITERATURE

PPULC	= Union Library Catalogue of Pennsylvania, Philadelphia, Pennsylvania.
PSC	= Swarthmore College, Swarthmore, Pennsylvania.
PU	= University of Pennsylvania, Philadelphia, Pennsylvania.
RPB	= Brown University, Providence, Rhode Island.
ScU	= University of South Carolina, Columbia, South Carolina.
TNJ	= Joint University Libraries (Vanderbilt University, George Peabody College for Teachers and Scarrit College), Nashville, Tennessee.
TU	= University of Tennessee, Knoxville, Tennessee.
TxHR	= Rice University, Houston, Texas.
TxU	= University of Texas, Austin, Texas.
UU	= University of Utah, Salt Lake City, Utah.
ViU	= University of Virginia, Charlottesville, Virginia.
VtMiM	= Middlebury College, Middlebury, Vermont.
WaS	= Seattle Public Library, Seattle, Washington.
WaU	= University of Washington, Seattle, Washington.
WU	= University of Wisconsin, Madison, Wisconsin.

I. BIBLIOGRAFÍA / BIBLIOGRAPHY

1 WICKS, ÜLRICH. "Pícaro, Picaresque: the Picaresque in Literary Scholarship." Genre 5 (1972): 153-216.

2. LAURENTI, JOSEPH L. Bibliografía de la literatura picaresca; desde sus orígenes hasta el presente. A bibliography of picaresque literature; from its origins to the present. By . . . Metuchen, New Jersey: Scarecrow Press, 1973. xviii, 262 pp.

II. ANTOLOGÍAS / ANTHOLOGIES

A) Españolas / Spanish

3. GARCÍA LÓPEZ, JOSÉ, ed. La novela picaresca. Barcelona: Rauter, 1946. 183 pp. (Biblioteca Hispania, no. 1).

4. LA NOVELA picaresca: La vida de Lazarillo de Tormes y de sus fortunas y adversidades; anónimo. El diablo cojuelo [por] Luis Vélez de Guevara. Vida de don Gregorio Guadaña [por] Antonio Enríquez Gómez. Barcelona: Edit. Iberia, 1955. ix, 245 pp. (Col. Obras maestras).

5. LA NOVELA picaresca. Varios. Barcelona: Iberia, 1965. 248 pp. 22ª ed.

6. FABREGAS, JAVIER. Sainets de la vida picaresca, 1800-1868, a cura de Xavier Fabregas. 1ª ed. Barcelona: Ediciones 62, 1967. 123 pp. (Antología catalana, 38).

7. LA NOVELA picaresca. Madrid: Taurus, 1967. 589 pp.

8. ÁLVAREZ FERNÁNDEZ-CAÑEDO, J. La picaresca. Antología. Madrid: Doncel, 1968. 183 pp. (Col. "Lo español y los españoles," 10). 2nd ed. 1969.

9. LA NOVELA picaresca española. Barcelona: Círculo de lectores, 1969. 753 pp.

10. LA PICARESCA española. Prólogo por Julián Marías. Litografías originales de Lorenzo Goñi. Barcelona: Ediciones Nauta, S.A., 1969. 428 pp.

11. LA NOVELA picaresca. Edición escolar preparada por José María Osorio Rodríguez. 1ª ed. León: Editorial Everest, 1969. 254 pp. 2nd ed. 1972.

12. LA NOVELA picaresca española. Estudio preliminar, selección, prólogos y notas de Ángel Valbuena Prat. 6th ed. Madrid: Aguilar, 1973. 2 vols. (Col. "Obras Eternas"). 7th ed. 1974. 8th ed. 1975-76. 2 vols.

A BIBLIOGRAPHY OF PICARESQUE LITERATURE 3

13. LA NOVELA Picaresca. La vida de Lazarillo de Tormes. El diablo cojuelo, Luis Vélez de Guevara. Vida de don Gregorio Guadaña Antonio Enríquez Gómez. Barcelona: Iberia J.-Gil Editores, 1973. 255 pp. (Col. "Obras Maestra").

14. NOVELA picaresca espanola. Prólogo de Camilo José Cela. Introducción de Alonso Zamora Vicente. (Tomo I) Barcelona: Editorial Noguer, 1974. 720 pp. (Clásicos hispánicos Noguer).

15. NOVELA picaresca espanola. (Tomo II) Barcelona: Editorial Noguer, 1975. 817 pp. (Clásicos hispánicos Noguer).

16. NOVELA picaresca española. (Tomo III). Barcelona: Editorial Noguer, 1976. 974 pp. (Clasicos hispánicos).

B) Italianas / Italians

17. BERTINI, GIOVANNI MARIA. Novelle esemplari (La sguattera illustre; Il dottor vetrata; Il matrimonio d'inganno e Il colloquio dei cani), di Miguel de Cervantes Saavedra. Prefazione, versione e note di . . . Torino: Utet, 1930. 239 pp. (I grandi scrittori stranieri, 10).

CU, DLC, IU, NcU.

III. ETIMOLOGÍA DE PÍCARO / ETYMOLOGY OF PÍCARO

18. CRADDOCK, JERRY R. "Las categorías derivacionales de los sufijos atónos: pícaro, paparo y afines," SHHL 3 (1975):219-31.

    DLC, CU, ICU, InU, IU, MH, MiU, NNC, PU, TxU, ViU, WU.

IV. GENERALIDADES / GENERAL

19. WADDELL, HELEN JANE. The Wandering Scholars. New York: H. Holt [1934], 301 pp.

    DLC, IU, MiU, NN, PU.

20. WELSFORD, ENID. The Fool: His Social and Literary History. London: Faber and Faber, 1935. xv, 434 pp.

    CU, DLC, IU, MiU, NN, PU.

21. DÍAZ-PLAJA, G. "Un posible factor racial en el Barroco," El espíritu del Barroco: Tres interpretaciones. Barcelona: Apolo, 1940. pp. 59-92.

    IU, MiU, MoU, NN, NNH.

22. MALDONADO DE GUEVARA, F. "La teoría de los estilos y el período tridentino," RIE 3 (1945). pp. 489-90.

23. FERRI, ENRIQUE. Los delincuentes en el arte. Versión castellana. Buenos Aires, 1948. 284 pp.

    IU, NcU, PU, TxU.

24. SCHKLOVSKI, VIKTOR. Theorie prozy [Teoría de la prosa]. Praga, 1948. Vid. pp. 85-177.

    CU, DLC, IU.

25. MASSIANI, FELIPE. "Geneología del vivo: el pícaro," EdQ 10 (1949), no. 60:135-43.
26. BOMLI, P.W. La femme dans l'Espagne du siècle d'or. La Haye: Nijhoff, 1950. viii, 390 pp. IU, PU.
27. RADIN, PAUL. The Trickster: A Study in American Indian Mythology. London: Routledge and Paul [1956], xi, 211 pp.
    IU, OU, TxU
28. BOUCHARD, ADELIN. "La sociedad española a través de la novela picaresca" [Estudio histórico]. Tesis de la Universidad de Madrid, 1958.
29. MARTÍNEZ MARTÍNEZ, T. "Concepto del pícaro y de la picaresca." Tesis de la Universidad de Madrid, 1958.
30. ORTIZ, GERALDINE. "La novela picaresca española: Reflejo de una época." Tesis. Florida State University. Tallahassee, Florida, 1958.
31. LEWIS, RICHARD W. B. "Recent Fiction: Pícaro and Pilgrim," in A Time of Harvest American Literature, 1910-1960. Edited with an Introduction by Robert E. Spiller, pp. 144-53. New York: Hill and Wang [1962]. 173 pp.
32. MARAVALL, JOSÉ ANTONIO. El mundo social de "La Celestina." Madrid: Gredos [1964]. 165 pp.

33. ANTÓN SOLÉ, PABLO. Los pícaros de Conil y Zahara. Estudio Histórico sobre los jesuitas y las almadrabas del Duque de Medina Sidonia en la segunda mitad del siglo XVI. Prólogo de Augusto Conte Lacave. Cadiz [Jerez de la Frontera, Jerez Industrial], 1965. 83 pp.

34. BĚLIČ, OLDŘICH. "La novela picaresca española y el realismo," HEES 1 (1965):5-15.

35. FRADEJAS SÁNCHEZ, L. "Aparición de la novela picaresca," CAP 14 (1965):29-42.

36. SÁNCHEZ GRANJEL, L. "La figura del médico en el escenario de la literatura picaresca," MeH 19 (1966):3-14. - Idem in his Capítulos de la medicina española. Salamanca U.P., 1971. 409 pp.

37. DÍAZ-PLAJA, G. "Cuestiones disputadas: En torno a la picaresca," in Lecciones amigas. Barcelona-Buenos Aires [1967], pp. 133-66.

    IU, PU, TxU.

38. STANZEL, FRANZ K. Typische Formen des Romans. [3rd ed.] Göttingen: Vandenhoeck & Rupprecht, 1967. 77 pp. (Kleine Vandenhoeck - Reihe, 187).

39. ALBERES, R. M. "Renaissance du roman picaresque," RdP 15 (1968), no. 75:46-53.

40. AUBRUN, CHARLES V. "Picaresque: A propos de cinq ouvrages récents," RR 59 (1968), no. 1:106-21.

41. FROHOCK, W. M. "The 'picaresque' in France Before Gil Blas," in The Classical Line: Essays in Honor of Henry Peyre, YFS 38 (1968):222-29.

42. MARAÑÓN, GREGORIO. "Sobre la novela picaresca," in his Obras completas, t. I, pp. 1019-1027. Madrid: Espasa-Calpe, 1968. 1962.

43. MOLHO, MAURICE. "Introduction a la pensée picaresque," in his Roman picaresque espagnols. Paris: Gallimard, 1968, pp. xi-cxlii.
Trad.: Introducción al pensamiento picaresco. Trad. de Augusto Gálvez-Cañero y Pidal. Salamanca: Anaya, 1972. 299 pp.
IU, NN, NH, PU, TxU.

44. NAGY, EDWARD. Lope de Vega y "La Celestina," perpectivas pseudo-celestinesca en comedias de Lope. México: Universidad de Veracruz, 1968. 189 pp.
DLC, MH, NNH, TxU.

45. AUBRUN, CHARLES. "La miseria en España en los siglos XVI y XVII y la novela picaresca," in AA.VV. Literatura y sociedad. Madrid, 1969, pp. 143-52.
DLC, ICU, IU, PU.

46. BĚLIČ, OLDŘICH. "Los principios de composición en la novela picaresca española," in his Analisis estructural de textos hispanos. Madrid: Prensa española, 1969, pp. 21-60.
DLC, IU, ViU, WU.

47. BENSOUSSAN, A. "Redecouvrir le roman picaresque espagnol," LLM 63 (1969):420-22.

48. BRUN, FÉLIX. "Hacia una interpretación sociológica
    de la novela picaresca," in AA.VV. Literatura y
    sociedad. Madrid: Martínez Roca, 1969, pp.
    133-42.
    DLC, ICU, IU, PU.

49. ESTEBÁN, C. "La trajectoire de l'échec," Critique
    25 (1969):27-40.

50. NERLICH, MANFRED. Kunst, Politik und Schelmerei.
    Die Ruckkehr des Kunstlers und Intellektuellen in
    die Gesellschaft des 20. Jahrhunderts, dargestellt
    an Werken von Charles de Coster, Romain Rolland,
    André Gide, Heinrich Mann und Thomas Mann.
    Frankfurt am Main: Athenaum, 1969. 245 pp.
    CtU, CU, DLC, ICU, IU, InU, KyU, MH, NcD, OU,
    ViU, WU.

51. SCHULTE, HANSGERD. "El desengaño. Wort und Thema
    in der spanishcen Literature des Golden Zeitalters.
    Munchen: Wilhelm Fink Verlag, 1969, pp. 34-52.
    (Freiburger Schrifter zur romanischen Philologie,
    17).
    CU, DLC, IU, MH, OU, PU, WU.

52. AUBRUN, CHARLES V. "Trapero, platero, pícaro, et
    tuno ou les perplexités d'un non-spécialiste," MPF
    (1970):177-82.

53. BAHNER, W. "Quelques observations sur la genre
    picaresque," in Roman et lumières au xviiie siècle.
    Paris, 1970. pp. 64-72.
    DLC, ICU, IU, PU, TxU, WU.

54. DEHENNIN, ELSA. "Le roman picaresque espagnol a la lumière de la poétique," RBPH 48 (1970), no. 3:730-71.
55. GUBERN, ROMAN, ed. La novela criminal. Barcelona: Tusquets, 1970. 80 pp.
56. LÁZARO CARRETER, F. "Para una revisión del concepto 'Novela picaresca.'" ATCIH (1970), pp. 27-45.
57. AUBRUN, CHARLES V. "La miseria en España en los siglos XVI y XVII y la novela picaresca," in Literatura y Sociedad. Barcelona: Martínez Roca, 1971. pp. 143-58.
58. _____. "Los avantares del pícaro de cocina," SGHM (1971), pp. 17-29.
59. AYALA, FRANCISCO. "La novela picaresca," in his Los ensayos: Teoría y crítica literaria. Madrid: Aguilar [1971], pp. 731-870.
60. BLECUA, ALBERTO. "Libros de caballerías, latín macarrónico y novela picaresca: la adaptación castellana del Baldus (Sevilla, 1542)." BABLB 34 (1971-72):147-239.
61. GUILLÉN, CLAUDIO. "Genre and Countergenre: The Discovery of the Picaresque," in his Literature as a System. Princeton, New Jersey: Princeton University Press, 1971. pp. 135-58, 74, 97.
    CU, ICU, IU, WU.

62. _____. "Toward a Definition of the Picaresque," in his Literature as a System. Princeton, New Jersey: Princeton University Press, 1971, pp. 71-106.

63. NAGY, EDWARD. "El aspecto picaresco-cortesano en Hombre pobre todo es tranzas, de Pedro Calderón de la Barca," IR 3 (1971):44-59.

64. NEUFELD, EVELYN. "The Historical Progression from the Picaresque Novel to the Bildungsroman as Shown in El Buscón, Gil Blas, Tom Jones and Wilhelm meisters Lehrjahre." Diss. St. Louis: Washington University, 143 pp. DAI 31 (1971):3514A-15A.

65. PARKER, ALEXANDER A. Los pícaros en la literature. La novela picaresca en España y Europa (1599-1753). Versión española de Rodolfo Arévalo Mackry. Madrid: Gredos, 1971. 217 pp. (Biblioteca romanica hispánica, 2. Estudios y ensayos, 164).

    Rev.: (Bermejo) CHA 91 (1973):611-16.

    DLC, IU, NjP, NN, NNH, OU, PU, TxU, ViU, WU.

66. RAUHUT, HELMUT. Herr und Knecht in der spanishche Literatur: Celestina, Lazarillo, Guzmán de Alfarache,Quijote. Heidelberg: U.P., 1971. xv, 259 pp.

    CU, ICU, IU, OU PU, TxU, WU.

67. REYNIER, GUSTAVE. Le roman realiste au 17e siècle. (Reimpr. de l'ed. de Paris, 1914). Geneve: Slatkine Reprints, 1971. iv, 397 pp.

    CLC, IU, NN, PU.

68. ROSENBERG, S. "Travel literature and the picaresque novel," EE 2 (1971):40-47.
69. BURON, ANTONIA. "In Search of an Exact Evaluation of What is Understood by Picaresque Literature." Diss. Minneapolis: University of Minneapolic, 1972. DAI 32 (1972):6415A-16A.
70. SÁNCHEZ-DÍEZ, F.J. "La novela picaresca de protagonista femenino en España durante el siglo XVII." Diss. Chapel Hill: University of North Carolina. 1972. DAI 34 (1973):286A.
71. BERMEJO, JOSÉ M. "Lección de pícaros." CHA 273 (1973):611-16.
72. GARCÍA, E. ROSALINDA. "The picaresque tradition of the female rogue: Differences from and similarities to the 'pícaro'." Diss. New York: Columbia University, 1972-73. DAI 34/08 (1974):5170A.
73. LÁZARO CARRETER, F. "Glosas críticas a los pícaros en la literaturas de Alexander Parker," HR 41 (1973), no. 3:569-97.
74. NOVAK, MAXIMILLIAN E. "Freedom, Libertinism, and the Picaresque," in Pagliaro, Harold E., ed. Racism in the Eighteenth Century (SECC). Cleveland: Press of Case Western Reserve University, 1973, pp. 33-48.
    DLC, IU, MoU, NN, PU, ViU, WU.
75. POUERIE, S. TEÓFILA ARISTIDES. "El pícaro en la literature española," ENdA (1 de diciembre de 1973):10, 15.

76. RÉXACH, ROSARIO. "El hombre nuevo en la novela picaresca española," CHA 92 (1973), no. 275:367-77.

77. RICAPITO, J. V. "Américo Castro y la novela picaresca." Ínsula (1973), nos. 314-5:13.

78. RICO, FRANCISCO. La novela picaresca y el punto de vista. 2.ª ed. corr. y aum. Barcelona: Editorial Seix Barral, 1973. (Biblioteca breve, 299. Ensayo).

79. SÁNCHEZ GARCÍA, E. "Aspectos filosóficos-educativos de la novela picaresca." Tesis de la Universidad de Salamanca, 1973.

80. SCHALK, FRITZ. "On Differences Between French and Spanish Styles in the Seventeenth Century." ILRK (1973), pp. 815-21.

    IU, MiU, NN, NNH, ViU, WU.

81. SCHÖNHAAR, RAINER, ed. "Pícaro und Eremit," in DLL (1973), pp. 43-94.

    CU, DLC, InU IU, MoU, MiU, NN, PU, ViU, WU.

82. STOLL, ANDREAS. "Wege zu einer Soziologie des pikaresken Romans," in SLGZ (1973), pp. 461-518.

    DLC, InU, IU, KyU, MoU, NNH, PU, ViU, WU.

83. WYSS, KURT O. Pikareske Thematic im Romanwerk Evelyn Waughs. Von . . . Bern: Francke Verlag, 1973. 336 pp. (Schweizer anglistiche Arbeiten, Bd. 77).

    CU, ICU, NN, WU.

84. ARENDT, DIETER. Der Schelm als Widerspruch und
Selbstkritik des Burgertums: Vorarbeiten zu e.
literature-soziolog. Analyse d. Schelmenliteratur
/ Dieter Arendt. 1. Aufl. Stuttgart: Klett, 1974.
123 pp. (Literaturwissenschaft,
Gesellschaftswissenschaft).
ICU, NN, TxU, WU.

85. CELA, CAMILO J. "Pícaros, clérigos, caballeros y
otras falacias, y su reflejo literario en los
siglos XVI y XVII," PSA 74 (1974), nos. 221-2:
107-25.

86. DUECK, JACK. "Uses of the Picaresque: A Study of
Five Modern British Novels." Diss. Notre Dame,
Indiana. DAI 34 (1974):4255A.

87. FELDMAN, JOEL I. "First-Person Narrative Technique
in the Picaresque Novel," in SHL (1974):160-73.

88. GARCÍA MERCADAL, J. Estudiantes, sopistas y
pícaros. Buenos Aires: Espasa-Calpe, 1974. 212
pp. [Reimpresion]

89. LAURENTI, JOSEPH L. "Ricordi geografici d'Italia
nei romanzi picareschi spagnoli del Secolo d'Oro,"
in ELHH (1974), pp. 431-46.

AzU, CLSU, SLU, CtY, CU, DLC, FMU, ICU, InU, IU,
KU, KyU, LNT, LU, MH, MiU, MnU, McD, NIC, NjP,
NNC, OU, PU, TxU, ViU, WU.

90. NAGY, EDWARD. El pródigo y el pícaro: la escuela de la vida en el Siglo de Oro español. Valladolid: Sever Cuesta, 1974. 76 pp.

CU, IU, TxU, WU.

91. ONIEVA, ANTONIA J. Agudezas, sentencias y refranes en la novela picaresca / coleccionados por . . . Madrid: Paraninfo, 1974. 136 pp.

DLC, IU, ViU, WU.

92. RICI-AVELLÓ, C. Vida y milagros de un pícaro médico del siglo XVI. Madrid: Edics. Cultura Hispánica, 1974. 156 pp.

IU, WU.

93. SILVERMAN, JOSEPH H. "Sobre el arte de no renunciar a nada," PSA 74 (1974):129-42.

94. TAYLOR, SHEILA L. "Form and Function in the Picaresque Novel." Diss. Los Angeles: University of California. DAI 34 (1974):3359A.

95. TIERNO GALVÁN, E. Sobre la novela picaresca y otros escritos. Madrid: Editorial Tecnos, 1974. 380 pp.

DLC, CU, IU, PU, WU.

96. WATSON, MARJORIE. "The Stoicism of the pícaro in the Picaresque Novel of Sixteenth and Seventeenth-Century Spain," FSt 21 (1974), no. 4:37-40.

97. WHITBOURN, CHRISTINE J., ed. Knaves and Swindlers. Essays on the Picaresque Novel in Europe. London, New York, University of Hull by Oxford University Press, 1974. xxix, 145 pp. (University of Hull Publication).

DLC, CU, IU, MoU, NNC, PU, ViU, WU.

98. _____. "Moral Ambiguity in Spanish Picaresque Tradition," in her Knaves and Swindlers . . . [vid. no. 97.], pp. 1-24.

99. WICKS, ÜLRICH. "The Nature of Picaresque Narrative: A Modal Approach," PMLA 89 (1974), no. 2:240-49.

100. MONTESER, FREDERICK. The Picaresque Element in Western Literature. University: University of Alabama Press, 1975. viii, 152 pp, (Studies in the Humanities, no. 5: Literature).

DLC, CU, ICU, MiU, NN, PU, ViU, WU.

Rev.: G. Hoffmeister, SNeo 48 (1976):167-8.

101. SAMOA, CARMELO. "Sui Rapporti fra storia e testo: La letteratura como 'trasgressione' e altri appunti," Belfagor 30 (1975):651-68.

102. SHEPARD, SANFORD. "Prostitutes and pícaros in Inquisitional Spain," Neohelicon 3 (1975), nos. 1-2: 365-72.

103. SOBEJANO, GONZALO. "Un perfíl de la picaresca: El pícaro hablador," in SHHL 3 (1975), pp. 467-85.

DLC, CU, ICU, InU, IU, MiU, NNC, PU, TxU, WU.

104. TALÉN, JENARO. Novela picaresca y práctica de la
transgresión. Madrid: Edics. Jucar, 1975. 181
pp. [El Buscón, Lazarillo de Tormes]
DLC, ICU, IU, PU, WU.

105. WEISGERBER, JEAN. "A la recherche de l'espace
romanesque: Lazarillo de Tormes. Les aventures de
Simplicius Simplicissimus, et Moll Flanders,"
Neohelicon 3 (1975), nos. 1-2:209-27.

106. ZALAZAR, DANIEL E. "Libertad y determinismo en la
novela picaresca española," CHA (1975), no. 301:
47-68.

107. CHEVALIER, M. "De los cuentos tradicionales a la
novela picaresca," SIs 3 (1976), pp. 29-52.

108. DURÁN, ARMANDO. "Teoría y práctica de la novela en
España durante el Siglo de Oro," TdN (1976):55-91.

109. FERRERAS, JEAN I. "Le problème du sujet collectif
in littérature," in APE (1976), pp. 57-68.

110. MARAVALL, JOSÉ A. "La aspiración social de 'medro'
en la novela picaresca," CHA (1976), no.
312:590-625.

111. PONCE, FERNANDO. "Primer congreso internacional
sobre la picaresca. Intervenciones de don Manuel
Fernández Galiano y don Carlos Robles Piquer,"
Arbor 95 (1976), no. 371:139-47.

112. RICAPITO, J. V. "Sociéte et ambiance historique
dans la critique du roman picaresque espagnol," in
APE (1976), pp. 3-36.

113. SPADACCINI, NICHOLAS. "Imperial Spain and the Secularization of the Picaresque Novel," JHLBS I (1976), no. 2:59-62.
114. USCATESCU, JORGE. "De la picaresca al barroco: Ensayo de síntesis de la cultura española," Arbor (1976), no. 362:41-65.
115. VALDERREY, CARMEN. "Dos estudios sobre la Novela Picaresca," CHA (Oct. 1976), no. 316:230-34.
116. VILAR, JEAN. "Discours pragmatique et discours picaresque," in APE (1976), pp. 37-56.
117. WISEHART, MARY RUTH. "A Literary Kinship: William Dean Howells and Six Spanish Novelists." Diss. George Peabody College for Teachers, Nashville, Tennessee. DAI, 37 (1976):5133A.
118. BJØRNSON, RICHARD. The Picaresque Hero in European Fiction. Madison: University of Wisconsin Press, 1977. 304 pp.
    CU, DLC, InU, INS, MH, MiU, MoU, NNH, PU, TxU, ViU, WU.
119. CHILDERS, J. WESLEY. Tales from Spanish Picaresque Novels: A Motif-Index. Albany, New York: State University of New York Press, 1977. xxvi, 262 pp.
    Rev.: Joseph L. Laurenti, MLJ, 62 (1978), no. 7:375.
    AzU, CLU, CtU, CU, DLC, FMU, ICU, InU, INS, IU, KU, MH, MiU, MoU, NjP, OU, PU, TxU, ViU, WU.

120. CORREA, GUSTAVO. "El heroe de la picaresca y su influencia en la novela moderna española e hispanoamericana," Thesavrvs 32 (1977), No. 1:75-94.

121. FRANCIS, ALAN. "Una revalorización de la decadencia de la novela picaresca del Siglo de Oro." Diss. Cambridge, Massachusetts: Harvard University, 1977.

122. MARAVALL, JOSÉ A. "Relaciones de dependencia e integración social: criados, graciosos y pícaros," I&L I (1977), no. 4:3-32.

123. MIYAMAE, KIYOSHI. "A Study of Existential Structures in Five Major Novels of Spain's Golden Age." Diss. Indiana University. Bloomington, Indiana. DAI, 38 (1977):2833A-34A.

124. RICAPITO, JOSEPH V. "Boccaccio and the Picaresque Tradition," Hesperias (1977):309-28.

125. SIEBER, HARRY. The Picaresque. London: Methuen, 1977. 85 pp.

126. VIERA, DAVID J. "Más sobre la influencia del Corbacho en la literatura española," Thesavrvs 32 (1977):384-87.

127. WALTER, MONKIA. "Der spanische Schelmenroman," RRWP (1977):522-621.

128. ADAMS, GEORGIA. "The Technique of Interpolation in Selected Novels of the Seventeenth and Eighteenth Centuries." Diss. New York, City University of New York. DAI, 38 (1978):4145A-46A.

129. BAADER, HORST. "Der spanische Schelmenroman oder die Kunst der Uneindeutgkeit," LSp (1978):9-23.
130. CAVILLAC, M. "L'enfermement des Pauvres en Espagne a la fin du XVIe Siècle," APEu (1978):45-82.
131. CHARTERS, DUNCAN. "Honor and Shame in the Spanish Picaresque Novel, 1554-1646." Diss. Indiana University, Bloomington, Indiana, 1971. DAI 40 (1979):887-A.
132. CRUTCHFIELD, RICHARD D. "Characterization in the Spanish Picaresque Novel in the Light of Changing Moral Values in the Seventeenth Century." Diss. The University of Texas, Austin, Texas. DAI 39 (1978):419-39.
133. HILDER, DAVID J. "La Fortuna en la novela picaresca," REH 12 (1978):419-39.
134. MOLINO, JEAN. "Du roman picaresque au roman philosophique: Les livres VII, VIII et IX de Gil Blas," MAJR, t. II (1978):945-60.
135. SOUBEYROUX, J. "Recherches sur les notions de vagabondage et d'exclusion sociale a Madrid au XVIIIe siècle a partir de quelques dossier de la police des pauvres," APEu (1978):83-126.
136. WARD, PHILIP, ed. The Oxford Companion to Spanish Literature. Edited by . . . Oxford: Claredon Press, 1978, pp. 464-65.
137. WICKS, ULRICH. "The Romance of the Picaresque," Genre 2 (1978):29-44.

V. RELACIONES LITERARIAS / LITERARY RELATIONS

Alemania / Germany

138. BURTON, EDWARD. "Grimmelshausen, der abentheuerliche Simplicissimus," NDL (1902), nos. 19-25:223.

139. SCHWERING, JULIUS. Litterarische Beziehungen zwischen Spanien und Deutschland. Münster, 1902, pp. 65-71.

DLC, IU, TxU, WU.

140. BERTAUX, FELIX. Panorama de la littérature allemande contemporaine. Paris: Kra, 1928. 326 pp. (Panoramas de Littératures Contemporaines).

CoU, CU, IU.

141. SCHUCKING, LEVIN L. The Sociology of Literary Taste . . . London: K. Paul, Trench, Trubner, & Co., 1944. 78 pp. [Reprint: 1966)

DLC, ICU, IU, MoU, NNC, PU.

142. KERENYI, KARL. Romandichtung und Mythologie . . . Zürich: Rhein Verlag, 1945, p. 85.

CLSU, DLC, IaU, MnU, NN, NcD.

143. ALEWYN, RICHARD. Essay "Zum Verstandnis der Werke," in Johann Beer, Das Narrenspital, sowie Jucundi Jucundissimi Wunderliche Lebens-Beschreibung (gedr. 1681 bzw). Hamburg: Rowhlt, 195, pp. 141-54.

DLC, ICU, IU, MH, PU, TxU, WU.

144. HYDE, JAMES F. "The Religious Thought of Johann Jocob Christoffell von Grimmelshausen as Expressed in the Simplicianische Schriften. Diss. Bloomington, Indiana, Indiana University, 1960. DAI 21/03 (1960):623.

145. WELZIG, WERNER. Beispielhafte Figuren, Tor, Abenteurer und Einsiedler bei Grimmelshausen. Gratz-Köln: H. Bohlaus Nachf., 1963. 18 pp.
IU, MH, WU.

146. BRANSTED, ERNEST K, Aristocracy and the Middle-Class in Germany. Social Types in German Literature, 1830-1900. Chicago-London: University of Chicago Press, 1964. xxiv, 364 pp.
DLC, ICU, IU, PU, WU.

147. SCHILLEMEIT, JOST, ed. Interpretationen. Deutsche Romane von Grimmelhausen bis Musil. vol. III. Frankfurt am Main: Fischer Bucherei, 1966. 320 pp. (Fischer-Buch 716).
ICU, MH, PU, TNJ.

148. HAUSER, ARNOLD. Sozialgeschichte der Kunst und Literatur. Müchen: Beck, 1967. xiv, 1119 pp.
IU.

149. JAUSS, HANS R. Literaturgeschichte als Provokation der Literaturwissenschaft. Konstanz: Im Verlag der Druckerie, und Verlagsansalt Konstanz. Universitätsverlag, 196. 72 pp. (Konstanzer Universitätreden).
IU, PU.

150. SCHARFSCHWERDT, JÜRGEN. Thomas Mann und der deutsche Bildungsroman. Eine Untersuchung zu den Problemen einer literarischen Tradition. Stuttgart, Berlin, Köln, Mainz: Kohlhammer, 1967. 284 pp. (Studien zur Poetik und Geschichte der Literatur, Bd. 5).

AU, CLU, CtY, CtW, CU-S, DeU, GEU, IaU, ICU, IU, MH, MiDW, NcU, NjMD, NN, OkU, OU, PPULC, TxHR, WaU, WU.

151. STEFFEN, HANS, ed. Die deutsche Romantik. Poetik, Formen und Motive. Göttingen: Vandenhoeck, 1967. 288 pp. (Kleine Vandenhoeck-Reihe 250).

CLU, CtY, IU, NN, TU.

152. WEYDT, GUNTHER. Nachahmung und Schopfung im Barock. Studien zum Grimmelshausen. Bern-München: Francken Verlag, 1968. 472 pp.

AU, CLU, CtY, IaU, ICU, IU, NN, OU, PU, WU.

153. KAUFMANN, HANS. Krisen und Wandlungen der deutschen Literatur von Wedekind bis Feuchtwanger. Berlin: Aufbau Verlag, 1959. 575 pp.

CtY, IU, PU, WU.

154. KÖHN, LOTHAR. Entwicklungs und Bildungsroman: Ein Forschungsbericht. Stuttgart: Metzler, 1969, vid. p. 5.

IU, PU, TxU, WU.

155. MÜNZ, RUDOLF. "Zwischen, Theaterkrieg und Nationaltheateridee- Zu den Anfangen der burgerlichen deutschen Theaterhistoriographie," WZUB 18 (1969), no. 1:15-36.

156. DIEDERICHS, REINER, Strukturen des Schelmischen im modernen deutschen Roman: eine Untersuchung an den Romanen von Thomas Mann Bekenntnisse des Hochstapler Felix Krull und Günther Grass die Blechtrommel. Düsseldorf: E. Diederichs, 1971. 111 pp.

    CtY, IU.

157. SCHOLL, NORBERT. "Der pikarische Held. Wiederaufleben einer literarischen Tradition seit 1945," in Th. Köbner, ed.: Tendenzen der deutschen Literatur seit 1945 . . . Stuttgart: Alfred Kröner Verlag, 1971, pp. 302-21.

    CtY, ICU, IU, PU.

158. SEIFERT, W. "Die pikareske Tradition im deutschen Roman der Gegenwart," in Manfred Durzak, ed. Die deutsche Literatur der Gegenwart Aspekte und Tendenzen. Stuttgart: Reclam, 1971, pp. 192-210.

    DLC, CtY, ICU, IU, WU.

159. BARTON, ERIKA R. "Die spanische Literatur in Deutschland im Zeitalter des Barock: Ein Forschungsbericht." Diss. Lincoln, Nebraska. University of Nebraska, 1972. DAI 33 (1973): 3573A-74A.

160. FISCHBACH, JEAN-BIERRE. Étude des éléments picaresque dan les écrits simpliciens. Unpublished Diss. Univ. of Strassburg, 1972.

161. MILES, DAVID H. Hofmannsthal's Novel 'Andreas': Memory and Self. Princeton: Princeton Univ. Press, 1972, pp. 149-50.

   DLC, CtY, ICU, IU, MoU, NNC, PU, ViU, WU.

162. RÖTZER, HANS G. Der Roman des Barock 1600-1700: Kommentar zu einer Epoche. München: Winkler, 1972. 190 pp.

   DLC, IU, PU.

163. STEHR, CHRISTIAN. "Möglichkeiten der Trennung von 'Autor-Ich' und "Erzahler-ich' im Simplicissimus," PNFL (April 28-29, 1972), pp. 168-72.

164. MILES, DAVID H. "Kafka's Hapless Pilgrims and Grass's Scurrilous Dwarf. Notes on Representative Figures in the Antibildungsroman," Monatshefte 65 (1973):341-50.

165. SCHÖLL, NORBERT. Vom Burger zum Untertan. Zum Gesellschafsbild im burgerlichen Roman. Düsseldorf: Bertelsmann Universitätsverlag, 1973. 163 pp.

   CU, DLC, ICU, IU, MH, MoU, MiU, NNC, ViU, WU.

166. MILES, DAVID H. "The Picaro's Journey to the Confessional: The Changing Image of the Hero in the German Bildungsroman," PMLA 89 (1974), no. 5:980-92.

167. PETERSEN, JÜRGEN H. "Formen der Ich-Erzählung in Grimmelshausens simplicianischen Schriften," ZDPh 93 (1974):481-507.

168. HOFFMEISTER, GERHART. "Grimmelshausens Simplicissimus und der spanisch-deutsche Schelmenroman: Beobachtungen zum Forschungsstand," Daphnis 5 (1976):275-94.

169. MIHAI, VIRGIL. "Un pícaro germán: Simplicius Simplicissimus," Steaua 27 (1976), no. 8:38-41.

170. SPRIEWALD, INGEBORG. "Grimmelshausen und sein Abenteuerlicher Simplicissimus Teutsch,: WB 2 (1976), no. 9:21-39.

171. MERKER, PAUL and WOLFGANG STAMMLER. Reallexikon der Deutschen Literatur. Dritte Auflage. Berlin-New York: Walter de Gruyter, 1977, vol. III, P-Sk, pp. 490-519.

172. SUÁREZ-GALBÁN, E. "La caracterización en Till Eulenspiegel y en el Lazarillo," CHA (Enero 1977), no. 319:153-62.

Arabia / Arabia

173. ABU-AIDAR, JAREER. "Maqamat Literature and the Picaresque Novel," JAL 5 (1974):1-10.

Literatura clásica / Classic literature

174. SCOBIE, Alexander. "Petronius, Apuleius, and the Spanish picaresque romance," Words (1966), no. 2:92-100.

175. _____. Aspects of the Ancient Romance and Its Heritage: Essays on Apuleius, Petronius, and the Greek Romances. Meisenheim am Glan: Hain, 1969. 113 pp. (Beiträge zur klassischen Philologie. Heft 30).

DLC, ICU, MH, PU, WU.

176. ARMENDARIZ, ANGELO. "Petronius and Apuleius in the Spanish Picaresque Novel," FJS 3 (1970):37-61.

177. MORAVIA, ALBERTO. "Fellini Satyricon," Weltwoche (30 Jan. 1970):31.

178. SCOBIE, ALEXANDER. "El curioso impertinente and Apuleius," RF 88 (1976):75-76.

Literatura contemporánea / Contemporary literature

179. VIAN, CESCO. Avventura picaresca di Pío Baroja. Trad. Roma: Edizioni Astrea, 1945. 72 pp.

180. GERBER, PHILI L. and ROBERT J. BEMMET. "Picaresque and Modern Literature: A Conversation with W. M. Frohock," Genre 3 (1970):187-97.

181. CORREA, GUSTAVO. "Galdós y la picaresca," APCG (1977):5-23.

Francia / France

182. LLORENTE, J. A. Observaciones críticas sobre el Romance de Gil Blas de Santillana, en las cuales se hace ver que Mr. Le Sage lo desmembró de El Bachiller de Salamanca, entonces manuscrito español inédito. Madrid: T. Albán y Compañía, 1822. 408 pp.

183. _____. Madrid, 1837.
184. _____. Madrid, 1840.
    CaBVaU, CU, DLC, MH, MoU, NNH, OCl, PPL, PSC.
185. HEINZ, H. Gil Blas und d. zeitgenoss. Leben in Frankreich. Munchen. Diss. inedita. 1914. 180 pp.
186. GIRAUD, RAYMOND. "The Unheroic Hero in the Novels of Stendhal, Balzac, and Flaubert." Diss. Rutgers Univ. New Brunswick, New Jersey, 1957.
187. FREUDMANN, F. R. "La recherche pasionnee du Francion," Symposium 21 (1967), no. 2:101-17.
188. JOLY, R. "La fiction autobiographique," in Fritz, Paul and Divid Williams, eds. The Triumph of Culture; 18th Century Perspective. Toronto: Am. M. Hakkert, [1972], pp. 169-89. [Publ. of Mc Master U. Assn. for 18th C. Studies.]
189. WEHLE, WINFRIED. "Zufall und epische Integration. Wandel des Erzählmodells und Sozialisation des Schelms in der Historia de Gil Blas de Santillana," RJ 23 (1972):103-29.
190. CARSON, KATHERINE W. Aspects of Contemporary Society in Gil Blas. (SVEC 110) Banbury, Oxfordshire: Voltaire Foundation, 1973. 148 pp.
191. SCHLICH, W. F. "Genet's Drama: Rites of Passage of the Anti-Hero: From Alienated Existence to Artistic Alienation," MLN 89 (May 1974), no. 4:641-53.

192. BISMUT, ROGER. "Une source probable de Manon Lescaut: Gil Blas de Santillane," LLR 29 (1975):52-58.

193. LONGHURST, JENNIFER, "Lesage and the Spanish Tradition: Gil Blas as a Picaresque Novel," in Fox, J. H., M. H. Waddicor, and D. A. Watts, eds. Studies in Eighteenth-Century French Literature. Presented to Robert Niklaus. Exeter: University of Exeter, 1975, pp. 123-37.

194. PIZARRO, AGUEDA. "Lesage, Picaresque Paradox and the French Eighteenth Century Novel." Diss. New York: Columbia Univ., 1975. DAI 35 (1975):6106A.

195. FAZZIOLA, PETER-JOSEPH. "A Critical Study of Gil Blas." Diss. Iowa City: University of Iowa, 1976. DAI 36 (1976):8094A.

196. JUENE, SIMON. "Moliere et le Buscón et Quevedo," DSS 113 (1976):3-22.

197. BAADER, HORST. "Le paysan parvenu de Marivaux et la tradition du roman picaresque espagnol," APEu (1978):127-79.

198. MOLINO, JEAN. "Du roman picaresque au roman philosophique: Les livres VII, VIII et IX de Gil Blas," MAJR 2 (1978):945-60.
    INS, IU, MH, PU, TxU, WU.

Hispanoamérica / Spanish America

199. SPELL, JEFFERSON R. "Mexican Society as Seen by Fernández de Lizardi," Hispania 8 (1925):145-65.

200. ANDERSON IMBERT, E. Tres novelas de Payro, con pícaros en tres miras. Tucumán, Universidad Nacional de Tucumán [1927]. 75 pp.
ICU, IU, MH.

201. SPELL, JEFFERSON R. "Fernández de Lizardi as a Pamphleter," HAHR 7 (1927):104-23.

202. FELIÚ CRUS, G. Un libro raro americano: "El Cristiano Errante." Novela que tiene mucho de historia por Romualdo de Villapedrosa. [Tirada especial del artículo publicado en el no. 97 de la Revista Chilena.] Santiago de Chile: Dirección General de Talleres Fiscales de Prisiones, Taller Imprenta, 1928. 12 pp.

203. SPELL, JEFFERSON R. "Lizardi and his Critics," Hispania 11 (1928), no. 3:233-45.

204. _____. The Life and Works of Joaquín Fernández de Lizardi. Philadelphia: University of Pennsylvania Press, 1931. 141 pp.
CU, CLU, DLC, Ian, IU, MoU, MiU, MH, PU, TxU, ViU, WU.

205. _____. "The Genesis of the First Mexican Novel," Hispania 14 (1931), no. 1:53-58.

206. DONOSO, RICARDO. Antonia José de Irizarri, escritor y diplomático. Santiago de Chile: Prensas de la Universidad de Chile, 1934. 319 pp.

207. ALBA, PEDRO DE. Rubén Romero y sus novelas populares. Barcelona: A Núñez, 1936. 39 pp.
MH, PU, WU.

208. LAFARGA, GASTÓN. La evolución literaria de Rubén Romero. México: Estudios Iberoamericanos, 1937. 152 pp.

209. MORBY, EDWIN S. " Es Don segundo Sombra novela picaresca?," RI I (1939):375-80.

210. ADAM, M. "De lo barroco en el Perú: Concolorcorvo, Olavide y Valdés," MP 28 (1941):436-49.

211. REYES, ALFONSO. "El Periquillo y la crítica mexicana," in Simpatías y diferencias. Edición y prólogo de Antonia Castro Leal, t. II, pp. 143-55. México: Edit. Porrúa, 1945. 2 tomos.
CU, DLC, ICU, IU, MH, PU, WU.

212. MASSIANI, FELIPE. "Genealogía del vivo: el pícaro," Educación 10 (1949), no. 60:135-43.

213. GONZÁLEZ LANUZA, E. Genio y figura de Roberto J. Payró. Buenos Aires: Editorial Universitaria, 1951. 192 pp.

214. LÁZARO, CARLOS, "El Periquillo Sarniento y la historia de Gil Blas de Santillana," RI 20 (1955):264-65.

215. SPELL, JEFFERSON R. "The Intellectual Background of Lizardi as reflected in El Periquillo Sarniento," PMLA 81 (1956), no. 3:414-32.

216. _____. "The Historical and Social Background of El Periquillo Sarniento," HAHR 36 (1956):447-70.

217. DAVIS, JACK E. "Algunos problemas lixicográficos en Sarriento," RI 23 (1958), nos. 45-56:163-71.

218. IRVING, THOMAS B. "Sobre José Joaquín Fernández de
Lizardi," HAHR 40 (1960):604-05.
219. LARRA, RAÚL. Payró, el novelista de la democracia.
3.ª ed. Buenos Aires: La Madragora [1960], 283
pp.
220. LEGUIZAMÓN, JULIO A. "El casamiento de Laucha. El
autor y el libro," "Dos libros coloniales:
Concolorcorvo y Araugo: I, El lazarillo de ciegos
caminantes; II, "La guía de forasteros," in De cepa
criolla, pp. 123-3=27; 181-90. Buenos Aires:
Ediciones Solar, 1961. 220 pp.
221. CARILLA, EMILIO. "Tres escritores hispano-
americanos, Lizardi, Bartolomé Hidalgo y Melgar,"
BAAL 28 (1963):89-120.
222. SPELL, JEFFERSON R. "New Light in Fernández de
Lizardi and his Periquillo Sarniento," Hispania 46
(1963), no. 4:753-54.
223. _____. "A Textual Comparison of the First
four Editions of El Periquillo Sarniento," HR 31
(1963):134-47.
224. CRUZ, SALVADOR. "Feijoo y Lizardi," CCC (1964),
no. 88:91-93.
225. GONZÁLEZ LANUZA, E. Genio y figura de Roberto J.
Payró. Buenos Aires: Editorial Universitaria
[1965]. 192 pp.
CU, DLC, IU, MH, TxU.

226. SALAMON, NOEL. "La crítica del sistema colonial de la Nueva España en el Periquillo Sarniento," CA 20 (1965), no. 1:167-79.
227. CARELL, TUILIO. Picaresca porteña. Buenos Aires: Ediciones Siglo XX, 1966. 197 pp.
228. JAURETCH, ARTURO. El medio pelo en la sociedad argentina, apuntes para una sociología nacional. Buenos Aires: A Pena Lillo, 1966. 352 pp.
229. MCKENDRICK, MELVEENA. "The Bandolera of Golden Age Drama: A Symbol of Feminist Revolt," BHS 46 (1969), no. 1:1-20.
230. LARRAZ, JOSÉ J. Idealismo y realidad: Análisis crítico de las novelas de José Rubén Romero. Madrid: Oscar [1971], 172 pp.
231. GARCÍA DE PAREDES, F. "El Periquillo Sarniento y lo picaresco," RL (1972), no. 102:41-47.
232. CARILLA, EMILIO. "Introducción a la lengua de El lazarillo de ciegos caminantes," ADL XII (1974): 231-38.
233. GONZÁLEZ, CRUZ, L. F. "Influencia cervantina en Lizardi," CHA 96 (1974):188-203.
234. JIMÉNEZ, A. Picardía mexicana. México: Costa-Amic, 1974. 268 pp.
       CU, DLC, IU, TxU, WU.
235. LEAL, LUIS. "Picaresca hispanoamericana de Oquendo a Lizardi," EHJA (1974):47-58.

A BIBLIOGRAPHY OF PICARESQUE LITERATURE

236. MAGNARELLI, SHARON. "El camino de Santiago, de Alejo Carpentier y la picaresca," RI 40 (1974), no. 86:65-86.

237. TORRES FIERRO, D. "El recurso del método de Carpentier, los pasos perdidos de la picaresca," Excelsior (16 de junio de 1974):10-11.

238. CARILLA, EMILIO. "Irradiación bibliográfica de El lazarillo de ciegos caminantes," HLH (1975):55-62.

239. ROA, F. MIGUEL. "Alejo Carpentier, tras diez años de silencio," ABCA, ano 4 (16-31 de marzo de 1975), no 122:42-44.

240. TAMAYO VARGAS, A. "Lo antiguo y lo novísimo en la picaresca de Eduardo Gudiño," CHA (enero 1975), no. 295:199-208.

241. ZALAZAR, DANIEL E. Ensayos de interpretación literaria: Sobre "La Celestina", la picaresca, Borges y otros temas. Buenos Aires: Ediciones Argentinas, 1976. 108 pp.

242. CASAS DE FAUNCE, M. La novela picaresca latinoamericana. Madrid: Planeta, 1977. 242 pp.

243. GOSTAUTAS, STASYS. "Un escritor picaresco del Perú Virreinal: Juan Mongrovejo de la Cerda," CIIL (1978):327-41.

244. PENHA, EVARISTO DE SOUZA. "La función ideológica de la ironía en El lazarillo de ciegos caminantes." Diss. University of Washington. DAI 39 (1978): 2963.

Holanda / Holland

245. STUTTERHEIM, C. F. P. "Spaansche Brabander, Bredero, Lazarillo," FdL 11 (1970):7-31.

246. STUIVELING, GARMT, ed. Memoriaal van Bredero: Documentair van een dichterleven. Culemborg: Tjeenk Willink-Noorduijn, 1980. 260 pp. with illus.

    DLC, MH.

Inglaterra / England

247. KOLLMANN, WILHELM. Nash's "Unfortunate Traveller" und head's "English Rogue": Die beiden Hauptvertreter des englischen Schelmenromans. Halle a S. Druck von E. Karras, 1899. 2 p., 60 pp. Diss. Leipzig.

    CtY, DLC, MB, NcD, NjP, OU, PU.

248. AYDELOTTE, FRANK. Elizabethan Rogues and Vagabonds. Oxford: The University Press, 1913. 349 pp. [Reprint: 1967].

    CU, DLC, ICU, IaN, IU, MoU, MH, MiU, OU, PU, TxU, WU.

249. HEAD, RICHARD and FRANCIS KIRKMAN. The English Rogue, Described in the Life of Meriton Latroon, A Witty Extravagant, Being a Complete History of the Most Eminent Cheats of Both Sexes (1665-1671). London: G. Routledge & Sons ltd., 1928. vii, 660 pp.

    CSt, ICN, DLC, MH, MiU, NcD, NIC, NN, OCl, OClW, OCU, OO, OOxM, PPL, PPT, ViU.

250. NEWCASTLE, WILLIAM, duke of Cavendish 1592-1676.
. . . A Pleasant and Merrye Humor off a roge.
Bungay, Suffolk: R. Clay & Sons, 1933. viii, 38
pp. ["Printed from the original manuscript in the
handwriting of the Duke of Newcastle at Welbeck
Abbey. DF. Francis Needham"].
IU.

251. GRACE, WILLIAM J. "Evelyn Waugh as a Social
Critic," Renascence I (1949):28-40.

252. WILSON, EDMUND. "Splendors and Miseries of Evelyn
Waugh," in his Classics and Commercials: A
Literary Chronicle of the Forties (5 Jan. 1946; 13
July 1946). London: Farrar, Strauss, 1950, pp.
298-305.

253. STANZEL, FRANZ. Die typischen Erzählsituationen im
Roman: dargestellt an Tom Jones, Moby-Dick, The
Ambassadors, Ulysses, u. a. Wien, Stuttgart: W.
Braumuller, 1955. 176 pp. (Wiener Beiträge zur
englischen Philologie, hrg. von Leo
Hibler-Lebmannsport, Band 63) [Reprint: 1963]
Rochester Univ. Library.

254. MCCORMICK, JOHN. Catastrophe and Imagination: An
Interpretation of the Recent English and American
Novel. London, New York, Toronto: Lonhans, Green,
1957. xi. 327 pp.
DLC, IU, MH, OCU.

255. HARKNESS, BRUCE. "The Lucky Crowd: Contemporary
British Fiction," EJ 47 (1958):387-97.

256. PARKER, R. B. "Farce and Society: The Range of Kingsley Amis," WSCL 2 (1960):27-38.

257. PAULSON, RONALD. "Satire in the Early Novels of Smollett," JEGP 59 (1960):381-402.

258. VAN O'CONNOR, WILLIAM. "Two Types of 'Heroes' in Post-War British Fiction," PMLA 77 (1962):168-74.

259. MC DERMET, DOIREAN. Estudios sobre el tema de la delincuencia en la literatura inglesa. Barcelona: Edit. Universitaria, 1965. 21 pp.

260. ELLIS, ROGER. "The Fool in Shakespeare: A Study of Alienation," TCQ 10 (1968):245-68.

261. KEARFUL, F. J. "Spanish rogues and English Foundlings: On the Disintegration of Picaresque," Genre 4 (1971):376-91.

262. ROUSSEAU, G. S. "Smollett and the Picaresque: Some Questions About a Label," SBT 12 (1971): 1886-1904.

263. STEVICK, P. "Smollett's Picaresque Games," in Tobias Smollett: Essays to Lewis M. Knapp. London, 1971, pp. 111-30.

264. GÖLLER, KARL HEINZ. Romance und Novel: Die Anfänge des englischen Romans. Unter Mitarbeit von Manfred Markus und Rainer Schöwerling. Regensburg: H. Carl, 1972. 291 pp. (Sprache und Literatur, Bd. 1)

DLC, ICU, IU, PU, WU.

265. MORTIER, ROLAND. "Libertinage littéraire et tensions sociales dans la littérature de L'Ancien Régime: De la 'Pícara' a la 'Fille de Joie'," RLC 46 (1972):35-45. [Fanny Hill].
266. BUCKLEY, JEROME. Season of Youth: The Bildungsroman from Dickens to Golding. Cambridge, Mass.: Harvard University Press, 1974. x, 336 pp.
    CU. DLC, ICU, IU, MH, MoU, PU, ViU, WU.
267. SPADACCINI, NICHOLAS. "Daniel Defoe and the Spanish Picaresque Tradition: The Case of Moll Flanders," I&L 2 (1978), no. 6:10-26.
268. THOMAS, A. "Essai d'Analyse socio-critique d'un passage de Moll Flanders," APEu (1978):181-203.

Estados Unidos / United States

269. HASSAN, IHAB HABIB. Radical Innocence: Studies in the Contemporary American Novel. Princeton, New Jersey: Princeton University Press, 1961. 362 pp.
270. LEWIS, R. W. B. "Recent Fiction: Pícaro and Pilgrim," in Robert E. Spiller, ed. A Time of Harvest: American Literature, 1910-1960. New York: Hill and Wang, 1962, pp. 144-53.
    DLC, ICU, IU, MoU, MiU, MH, NjP, PU, TxU, WU.
271. BOROFF, DAVID. "Saul Bellow, Victim Literature," SRev (Sept. 19, 1964):38-39, 77.
272. CROZIER, ROBERT D. "Theme in Augie March," CrSMF 8 (1965), no. 3:18-32.
273. ALLEN, MICHAEL. "Idiomatic Language in Two Novels by Saul Bellow," JAS 1 (1967) 1:275-80.

274. OVERBECK, PAT T. "The Woman in Augie March," TSLL 10 (1968):471-84.

275. CURZON, DANIEL. The Misadventures of Tim Mc Pick. Los Angeles: The John Parke Curtis Press, 1975. 320 pp. [novela]

Italia / Italy

276. [ANON.] (Casanova) "The Picaresque Phallus," TLS (Sept. 1, 1972) 1009-11 [Rev. art. Vid. L. R. Hiatt, TLS (Sept. 15, 1972):1060; Robert Chartham, TLS (Sept. 29, 1972):1156-57; L. R. Hiatt, TLS (Oct. 13, 1972):1227; Robert Chartham, TLS (Oct. 20, 1972):1257.]

277. HERNÁNDEZ, JESÚS H. "The Italian Sources of the Spanish Picaresque Novel." Diss. Washington, D.C., The Catholic University of America, 1978. DAI 39 (1978):1619.

Portugal y Brasil / Portugal and Brazil

A) Portugal / Portugal

278. LEITE, SOLIDONIO. A autoria da "Arte de Furtar." Río de Janeiro: Typ. do Jornal do Commercio de Rodrígues & C., 1917. 166.
    DLC, MH, PBm.

279. RODRÍGUES, FRANCISCO. "Ainda o Autor da Arte de Furtar," Brotería 40 (1945):295-304.

280. LE GENTIL, GEORGES. Fernão Mendes Pinto. Un précurseur de l'exotisme au XVIe siècle. Paris: Herman, 1947. 344 pp.

AU, CU, CtY, ICN, IU, MH, MiEM, NBC, NcU, NcD, TxU, UU, WoU.

[Para las ediciones portuguesas y traducciones al español, alemán, holandés, francés, e inglés de esta famosa obra, véase, sobre todo, el volumen correspondiente a Mendes Pinto en el Union Catalog Pre-1956 Imprints.]

281. DO PRADO COELHO, JACINTO. Diccionario das literaturas portuguesa, Galega E. Brasilera. Porto, 1960. [Articulo "Picaresco," p. 610.]

282. FONTES, MANUEL DA COSTA. "A Relíquia e o Lazarillo De Tormes: Uma análise estrutural," Colóquio 31 (1976):30-40.

283. CUSATI, MARIA LUISA. "O léxico marítimo na Peregrinação de Fernão Mendes Pinto," AION-SR 20 (1978), no. 1:141-61.

B) Brasil / Brazil

284. LIND, GEORG R. "Ariano Suassuna, romancista," Colóquio 17 (1974):29-44.

285. SILVA, HELENA MARÍA FERNÁNDES DA. "Comentario sobre a temática de Memorias de um Sargento de Milicias," Littera 13 (1975):89-91.

286. CHAMBERLAIN, BOBBY JOHN. "Humor: Vehicle for Social Commentary in the Novels of Jorge Amado." Diss. Los Angeles: University of California, 1975. DAI 36 (1976):6727A.

287. ──────────. "The Malandro, or Rogue Figure in the Fiction of Jorge Amado," Mester 6 (1976), no. 1:7-10. 〚Vid., además, las novelas de Aquilino Ribeiro: O Malhadinhas, y Ariano Suassuna: The Rogues' Trial〛

Japón / Japan

288. HIBBETT, HOWARD. The Floating World in Japanese Fiction. Rutland: Tuttle, 1975. 232 pp. 〚Rempresion / Reprint of 1959 Oxford University Press ed.〛

Rusia / Russia

289. STENDER PETERSON, A. Den Russiske Litteraturs Historie, vol II. Copenhague, 1952, p. 186.

290. LITTLE, T. E. "Dead Soules," in Whitbourn, Christine J., ed. Knaves and Swindlers. Essays on the Picaresque Novel in Europe. London, New York, University of Hull by Oxford University Press, 1974, pp. 112-38.

291. GLASS, ELLIOT S. "Dead Souls and the Hispanic Picaresque Novel," REH 11 (1977), no. 1:77-90.

〚Vid., además, las narraciones de Michail Dmitrijevic Culkov (1743-92): Prigozja povaricha (1770).〛

A BIBLIOGRAPHY OF PICARESQUE LITERATURE

Prólogos / Prologues

292. PORQUERAS MAYO, A. El prólogo en el Renacimiento español. Madrid: C. S. I. C., 1965, pp. 177-85.

293. ──────────. El prólogo en el Manierismo y Barroco españoles. Madrid: C. S. I. C., 1968, pp. 29-62.

294. RICO, FRANCISCO. "Para el Prólogo de Lazarillo "El deseo de alabanza," APE (1976), pp. 101-116.

Teatro / Theater

295. CAMPOS, A. A pícaro, pícaro y medio, proverbio en un acto, arreglado a la escena española por . . . [Madrid ? Imp. de N. Ramírez, 18?] 6 pp.
MnU, NN.

296. LAURENTI, JOSEPH L., ed. Comedia nueva en un acto. A pícaro, pícaro y medio, Segismundo, XIII, 1 - 2 (1977), nos. 25-26:383-411.

VI. LAZARILLO DE TORMES (1554)

A) Ediciones / Editions

1. Españolas / Spanish

297. LAZARILLO de Tormes. La vida del Lazarillo de Tormes, sus fortunas y adversidades, por Diego Hurtado de Mendoza. Nueva edición. Barcelona: Sucesores de Fond [s.a. hacia 1860], 139 pp.

298. GONZÁLEZ PALENCIA, A. ed. Vida del Lazarillo de Tormes. Edición, estudio y notas por. Zaragoza: Edit. Ebro, 1964, 128 pp.

Reimpresiones / Reprints: 1965, 1969, 1970, 1971.

299. HESSE, EVERETT W. and HARRY F. WILLIAMS, eds. La vida de Lazarillo de Tormes y de sus fortunas y adversidades, edited by . . . With an Introduction by Americo Castro. Rev. ed. Madison: University of Wisconsin Press, 1966. xix, 84 pp.

CU, DLC, ICU, FU, IU, MH, MoU, MiU, PU, WU.

300. AGUILAR PIÑAL, F., ed. Lazarilla de Tormes. Texto y notas [por] . . . Presentación [por] J. Gutiérrez Palacio. Madrid: Editorial M[agisterio] Español, c. 1967. 115 pp. (Serie Literatura. Español Clásico Siglos XVI y XVII.)

Reimpresión / Reprint: 1973, 224 pp.

301. LAZARILLO de Tormes. Vida de Estebanillo González. Texto anonimo Ilustracion Chico Prats. Barcelona: Augusta, 1967. 490 pp.

Reimpresiones / Reprints: 1968, 1969, 1970.

302. EL LAZARILLO de Tormes. Anónimo. Madrid: Susaneta, 1967, 112 pp.

Reimpresiones / Reprints: 1969, 1970, 1974.

303. AUGE, LOZAYA, ed. Anonimo. El Lazarillo de Tormes. Barcelona: A Montaner, S. A. Editores, 1969. 172 pp. 21.ª ed.

304. RICO, FRANCISCO, ed. Lazarillo de Tormes. Guzmán de Alfarache, in La novela picaresca española. 2.ª ed. Barcelona: Edit. Planeta, 1970, vol. I (Clásicos Planeta, 12).
CU, ICU, IaU, IU, MH, MoU, MiU, PU, WU.
305. CASTRO, CARMEN, ed. La vida de Lazarillo de Tormes y de sus fortunas y adversidades. 4.ª ed. Edición y notas de . . . Madrid: Taurus, 1970. 108 pp.
[5.ª ed. 1972; 6.ª ed. 1973, 112 pp.]
306. LAZARILLO de Tormes y el diablo cojuelo. Barcelona: Luis Salvat Editores, 1971. 256 pp. 2.ª ed.
Reimpresiones / Reprints: Barcelona: 1972, 1973, 1974, 1975.
307. VALBUENA PRAT, A. Lazarillo de Tormes. H. de Luna. Segunda parte de Lazarillo de Tormes. Prólogo y notas de . . . Madrid: Aguilar, 1972. 286 pp. (Crisol Literario 64.)
308. EL LAZARILLO de Tormes. Madrid: Autores-Editores de Obras Propias, 1973. 96 pp.
309. MOLINA, MARIA ISABEL, ed. Vida del Lazarillo de Tormes. Anónimas y colectivas. Madrid: Autores-Editores de Obras Propias, 1974. 80 pp.
310. DÍAZ VALCARCEL, M. TERESA, ed. Anónimo. El Lazarillo de Tormes. Barcelona: Bruguera S. A. Editorial, 1973. 191 pp.
311. ANÓNIMO. El Lazarillo de Tormes. Bilbao: Edit. Vasco Americana, 1973. 138 pp.

312. EL LAZARILLO de Tormes. Barcelona: Mateu, 1973. 256 pp.
313. ANÓNIMO. El Lazarillo de Tormes. Barcelona: AFHA, 1973. 1 vol.
314. ISASI, ANGULO A., ed. Lazarillo de Tormes. Con un estudio preliminar, notas y bibliografía seleccionada por don . . . 2.ª ed. Barcelona: Bruguera, S.A. Editorial, 1973. 213 pp. (Libro clásico, 94) Reimpresión / Reprint: Barcelona, 1974. 224 pp.
315. ANÓNIMO. El Lazarillo de Tormes. La vida del Buscón. F. de Quevedo. El Diablo cojuelo. Vélez de Guevara. Madrid: Amigos de la historia, 1973. 1 vol.
316. EL LAZARILLO de Tormes. Anónimas y colectivas. Barcelona: Edit. Vosgos, 1973. 128 pp.
317. DÍAZ-PLAJA, G., ed. Lazarillo de Tormes [Seguido de] Francisco de Quevedo, Vida del Buscón don Pablos. Estudio preliminar de . . . 10.ª ed. México: Porrúa, 1973. xxxix, 188 pp. (Col. Sepan cuantos 34).
318. MARAÑÓN, GREGORIO, ed. Lazarillo de Tormes. Prefacio de Gregorio Marañón. 2.ª ed. Madrid: Espasa Calpe, S. A., 1973. 143 pp. (Col. Austral, 156.)
319. EL LAZARILLO de Tormes. Salamanca: Marcelino Martín, 1973. 96 pp.

320. DOS JOYAS de la novela picaresca. El Lazarillo de Tormes y El Buscón. Madrid: Selecciones del Reader's Digest, 1973. 173 pp.

321. AGUILAR PIÑAL, F. ed. Lazarillo de Tormes. Texto y notas de . . . Seguido de La hija de Celestina, de A. J. Salas Barbadillo. Presentación de J. Gutiérrez Palacio. Madrid: Magisterio Español, S. A., 1973. 217 pp. (Novelas y cuentos, 3.) [1.ª ed. 1967; 2.ª ed. 1970.]

322. DOS novelas picarescas. Lazarillo de Tormes - Gil Blas de Santillana. Skokie, Illinois: National Textbook Col, 1973. 98 pp.

323. EL DIABLO cojuelo / L. Vélez de Guevara. La vida de Lazarillo de Tormes. Barcelona: R. Sopena, 1974. 190 pp. (Biblioteca Sopena, 543) DLC, MH, WU.

324. BLECUA, ALBERTO, ed. La vida de Lazarillo de Tormes y de sus fortunas y adversidades. Edición, introducción y notas de . . . Madrid: Edit. Castalia, 1974. 185 pp. (Clásicos Castalia, 58. CU. DLC, IaU, IU, MH, MoU, MiU, PU, ViU, WU.

325. DIEGO Hurtado de Mendoza. El Lazarillo de Tormes. Madrid: Edit. Almena, 1975. 16 pp.

326. DIEGO Hurtado de Mendoza. Lazarillo de Tormes. Madrid: Ediciones de Arte y Bibliofilia, 1975. 68 pp. (Col. Tiempo para la alegría.) [Con ilustr. y dibujos por Orlando Pelayo, 190 ejemplares numerados]

327. DIEGO Hurtado de Mendoza. El Lazarillo. La Celestina. Madrid: Emiliano Escolas Editor, 1975. 288 pp. (Col. Cultura Clásica)

328. PASTORA HERRERO, JOSÉ FRANCO. Hurtado Diego de mendoza. Lazarillo de Tormes. Valladolid: S. A. Editorial Miñón, 1975. 96 pp.

   DLC, IU, MH, TxU.

329. RICAPITO, JOSEPH V., ed. La vida de Lazarillo de Tormes y de sus fortunas y adversidades. Edición de . . . Madrid: Ediciones Cátedra, c1976. 205 pp. (Col. Letras hispánicas.)

330. CRIADO, ELSA y MATILDE TABOADA, eds. Anónimo. Lazarillo de Tormes. Madrid: Sociedad General Española de Librería, 1976. 71 pp. (Col. Textos en español fácil. Nivel Medio.)

   IU, MH, PU.

331. RICO, FRANCISCO, ed. Lazarillo de Tormes. Edición, introducción y notas de . . . Barcelona: Editorial Planeta, 1976. LXXXI, 118 pp. (Col. Hispánico Planeta.)

   DLC, ICU, IaU, IU, MoU, MH, NjP, NcD, PU TxU, ViU, WU.

332. CASTRO, CARMEN, ed. La vida de Lazarillo de Tormes y de sus fortunas y adversidades. Edición y notas de . . . 7ª ed. Madrid: Edit. Taurus, 1976. 108 pp. (Col. Temas.)

333. LA VIDA de Lazarillo de Tormes y de sus fortunas y
adversidades. Francisco de Quevedo. La vida del
Buscón llamados don Pablos. Textos de Fernando
Lázaro Carreter. Selección y estudio de Carlos
Vaillo. Tarragona: Edit. Tarraco, 1976. 278 pp.
(Col. Tarraco, 4.)
DLC, IU.

2. Francesas / French

334. Aventures de Lazarille de Tormes, écrites par
lui-même. Gravures de A. Robida. Paris: P.
Arnould [s. f. - n. d.], viii, 360 pp. illus.
(Petite Bibliotheque portative.)

3. Holandesas/ Dutch

335. G. A. BREDERO'S Spaanschen Brabander. Ingeleid en
toegelicht door C. F. P. Stutterheim: met
fragmenten uit Lazarus van Tormes. Culemborg:
Tjeenk Willink. Noorduijn, 1974. 399 pp.

4. Inglesas / English

336. LAZARILLO: or, The excellent history of Lazarillo
de Tormes . . . Both parts. The first translated
by David Rowland, and the second gather'd out of
the chronicles of Toledo by Iean de Luna . . . and
done into English by the same authour . . .
London: Printed by R. Hodgkinsonne, 1655. 336 pp.
Edited by James Blakeston.
CtY, IU, MiU.

337. THE LIFE and adventures of that most witty and ingenious Spaniard, Lazarillo de Tormes: containing a great variety of humorous exploits in the uncommon fortunes and misfortunes of his life, from his cradle to his grave. Written by himself. From the Spanish, carefully corr. Edinburgh [17--].
257 pp.

Part 2 is a translation of Juan de Luna's Segunda parte de la Vida de Lazarillo de Tormes.

IU, MWA.

338. THE PLEASANT history of Lazarillo de Tormes, his fortunes and adversities, containing the strange adventures that befell him in the service of sundry masters, as written supposedly by Diego Hurtado de Mendoza; together with the pursuit or second part of his life, as related by Juan de Luna; with a general introduction to the Rogues' bookshelf, by Carl Van Doren. New York: Greenberg, 1926. xxv, 240 pp.

AMAU, CaBVaU, DLC, FMU, MiU, MY, NcU, NIC, NjP, NN, OCl, OClCS, OOxM, PU, ViU.

339. THE LIFE of Lazarillo de Tormes; his Fortunes and his adversities. Gloucester, Mass.: P. Smith, 1964. 152 pp.

Reprints: In Great European Short Novels, vol. 1, Anthony Winner, ed. New York: Harper, 1968; Gloucester, Mass., 1970. 152 pp.

DLC, ICU, MH.

340. PARSONS, JAMES, tr. The Life of Lazarillo de
Tormes; his Fortunes and Adversities. A Modern
Translation with Notes by . . . Introduction by
Glen Wilbern. New York: American R. D. M., 1966.
966 pp. (A Study Master Publication T-47.)
DLC, IU, MU.

341. THE LIFE of Lazarillo of Tormes; his Fortunes and
Misfortunes as Told by Himself. Translated and
with an Introduction by Robert S. Rudder. With a
Sequel by Juan de Luna. Translated by Robert S.
Rudder with Carmen Criado de Rodriguez Puertolas.
New York: Ungar, 1973. xxi, 245 pp.
CU, ICU, IU, MH, PU, ViU, WU.

Selecciones / Excerpts

342. ANON. The Life and Adventures of Lazarillo
Gonzales, Surnamed de Tormes. In Retrospective
Review 2 (1820):133-45.
[Ref.: R. Rudder]

343. ANON. Life of Lazarillo de Tormes. In Hawthorne,
Julian, ed. The Literature of All Nations and All
Ages. Philadelphia: Finley, 1897-98.
[Ref.: R. Rudder]

344. ANON. Life of Lazarillo de Tormes. In J. P.
Lamberton, ed., The World's Literature Illuminated.
Philadelphia, Chicago: Century Society, 1900.
[Ref.: R. Rudder]

345. ANON. The Luck of Lazarillo. In Charles Morris, ed., Half-Hours with the Best Foreign Authors. Philadelphia and London: Lippincott, 1888.
    [Ref.: R. Rudder]
346. ANON. Lazarillo de Tormes. In Richard Garnett, L. Vallee, and A. Brandl, eds., The Universal Anthology. New York: Merril and Baker, 1899-1902.
    [Ref.: R. Rudder]
347. ANON. Lazarillo de Tormes. In Alfred Harmsworth and S. S. McClure, eds., The World's Greatest Books, Lord Northcliffe. New York: S. S. McClure, 1900.
    [Ref: R. Rudder]
348. ANON. Lazarillo de Tormes. In Tales from the Italian and Spanish. New York: Review of Reviews, 1920.
    [Ref: R. Rudder]
349. BELL, AUBREY F. G., tr. Lazarillo de Tormes, in A Pilgrim in Spain. London: Methuen, 1924; Boston: Little, Brown, 1924.
    [Ref: R. Rudder]
350. ANON. Lazarillo de Tormes, in World's Great Detective Stories. New York: Walter J. Black, 1928.
    [Ref: R. Rudder]

A BIBLIOGRAPHY OF PICARESQUE LITERATURE

351. FLORES, ANGEL, tr. Lazarillo de Tormes. In his
Spanish Stories: Cuentos Espanoles. New York:
Bantam, 1960.
   [Ref: R. Rudder]

5. Islandesas / Icelandic

352. LAZARUS fra Tormes. Gudberguk pyddi ur spensku og
ritadi eftirmala. Reykjavik: Mal of Menning,
1972. 126 pp 1 l.
MH.

6. Italianas / Italian

353. GABRIELLI, ALDO, tr. La vita avventurosa di
Lazzarino di Tormes. Romanzo picaresco spagnolo
narrato da . . . Illustrato da Filiberto Mateldi.
Torino: U. T. E. T., 1960. 1 vol. (La Scala
d'Oro. S.IX.5.)

354. VENTURA, R., tr. Lazarillo de Tormes.
Introduzione, traduzione e note di . . . Modena:
Edizioni Paoline, 1964. 1 vol. [5.ª ed.]

355. ANON. Lazarillo de Tormes. Anonimo spagnolo del
XVI Secolo. Bologna: Ponte Nuevo, 1965. 1 vol.
("I Nostri Madrigali")

356. ROSSI, ROSA, ed. Vita di Lazarillo de Tormes. A
cura de . . . Roma: Editori Riuniti, 1967. 190
pp. (I Classici della Letteratura, 13)

357. GASPARETTI, ANTONIO, tr. Lazzarino del Tormes. A
cura de Nicola Liscio. Traduzione de . . .
Palermo: Palumbo, 1969. 141 pp. ("Scuola del
saper leggere, 8")
358. PIZZORNO, SILVIO, tr. Le avventure di Lazarillo de
Tormes. Testo anonimo del Secolo XVI. Riduzione
dallo spagnolo di . . . Firenze: Giunti Bemporad
Marzocco, 1969. 1 vol. ("Capolavori stranieri per
la gioventù")
359. BODINI, VITTORIO, ed. Lazarillo de Tormes.
Torino: Einaudi, 1972. 122 pp.
360. STROZZI, GIULIO, tr. La primera traducción italiana del "Lazarillo de Tormes." Edizione di
Benito Brancaforte e Charlotte Lang Brancaforte.
Ravenna: Longo editore, 1977. 183 pp.

7. Ucranianas / Ukrainian

361. PALII, MYKOLA M., tr. Zhyttia Lazarka z Tormesu ta
ioho shchastaia i zlydni. Z espans'koi novy
pereklav . . . Buenos Aires: Vyd-vo IU.
Serediaka, 1970. 102 pp. (Spanish Classics in
Ukrainian)

B) Estudios y contribuciones / Studies and contributions

362. SPIVAKOVSKI, ERIKA. "The Lazarillo de Tormes and
Mendoza," Symposium 15 (1961):271-85.
363. RUMEAU, A. "Notes au Lazarillo, despedir la bula,"
LLN (1962), no. 163:2-7.

364. RIPOLL, CARLOS. "La Celestina" a traves del
Decálogo y otras notas sobre la literatura de la
Edad de Oro. New York: Las Americas Publishing
Co., 1969. 212 pp.

365. BAADER, HORST. "Nachwort" (Lazarillo de Tormes,
Guzmán de Alfarache, Buscón, Marcos de Obregón), in
Horst Baader, ed., Spanische Schelmenromane, vol.
2, München, 1965, pp. 570-626.
IU, MH.

366. BERSHAS, H. N. "La biznaga honrada," RN 7
(1965):62-7.

367. SKLOVSKIJ, V. Una teoria della prosa. Bari, 1966,
p. 97.

368. ASENSIO, EUGENIO. "La peculiaridad literaria de
los conversos," AEM 6 (1967):327-51.

369. CASTRO, AMÉRICO. "El Lazarillo de Tormes," in his
Hacia Cervantes. Madrid, 1967, pp. 143-49.

370. ROSSI ROSA. "El terzo episodio del Lazarillo de
Tormes: problemi di struttura e di
interpretazione," SLS (1967), pp. 9-38.

371. SALINAS, PEDRO. Ensayos de literatura hispánica.
(Del Cantar de Mio Cid a García Lorca), Madrid:
Aguilar, 1967, pp. 58-73.

372. UTTRANADHIE, D. "Contribución al estudio de la
sintaxis del verbo en El Lazarillo de Tormes," RUM
16 (1967):49-51.

373. GATTI, JOSÉ F. Introducción al "Lazarillo de Tormes'. Buenos Aires: Centro Editor de América Latina, 1968. 91 pp.

374. AUBRUN, CHARLES V. "El autor del Lazarillo: un retrato robot," CHA (1969), nos. 238-40:543-55.

375. VITT, KARLHEINZ. "Studien zum Spanischen Schelmenroman Lazarillo de Tormes." Diss. Univ. de Münster, 1969. 420 pp.

[Juan de Luna: Segunda Parte . . .]

376. GARCÍA ANGULO, E. Vocabulario del "Lazarillo de Tormes." Barcelona: Editorial Gracián, 1970. 207 pp.

DLC, IU, MH.

377. PRIETO, ANTONIO. "De un símbolo, un signo y un síntoma. Lázaro, Guzmán, Pablos)," Prohemio 1 (1970):357-95.

378. PUCCINI, D. "La struttura de Lazarillo de Tormes," AFLC 23 (1970):65-103.

379. SPIVAKOWSKI, ERIKA. Son of the Alambra: Don Diego Hurtado de Mendoza. Austin: The University of Texas Press, 1970, pp. 36, 241-42, 326, 330-31, 406-07.

AAP, FTaSU, GU, IaU, ICN, IU, KU, KyU, LU, MoSW, NcD, NcGU, NjP, NjR, NSyU, TNJ, TU, ViU, WU.

380. _____. "Mendoza's Renunciation of Fame as Revealed in his Carta VI from Alcantara," Hispania 53 (1970):220-24.

381. TODESCO, VENANZIO. "Rileggendo il Lazarillo de Tormes," QIA (1970), no. 38:73-79.
382. WEINER, JACK. "Una incongruencia en el tercer tradado del Lazarillo de Tormes: Lázaro y el escudero en el río," Signos (1970), no. 2:45-48.
383. CASO GONZÁLEZ, J. "La génesis del Lazarillo de Tormes," in AA. VV. Historia y estructura de la obra literaria. Madrid: C. S. I. C., 1971, pp. 175-96.

    ICU, IU, MH, PU.
384. CORTÉS, CARMEN M. "Comparación de dos estudios sincrónicos del sustantivo en español." Diss. Washington: Georgetown University. DAI 31 (1971), p. 3530A.
385. FERRARESI, ALICIA C. DE. La realidad ética del Lazarillo de Tormes desde una perspectiva erasmista," ALM 9 (1971):193-211.
386. GRANJA, F. DE LA. "Nuevas notas a un episodio del Lazarillo de Tormes," Al Andalus 36 (1971):223-37.
387. WEINER, JACK. El ciego y las dos hambres de Lázaro de Tormes. Valparaiso: Univ. Católica de Valparaiso, 1971. 36 pp. (Instituto de Lenguas y Literatura, Serie Monografias 5.)
388. CASO GONZÁLEZ, J. M. "La primera edición del Lazarillo de Tormes y su relación con los textos de 1554," in SHHL 1 (1972):189-206.

    CU, ICU, IU, MoU, MH, NjP, PU, TxU, ViU, WU.

389. CONCHA, VICTOR G. DE LA. "La intención religiosa del Lazarillo," RFE 55 (1972), nos. 3-4:243-77.

390. HOLZINGER, WALTER. "The Breadly Paradise Revisited: Lazarillo de Tormes, Segundo Tratado," RHM 37 (1972-73), no. 4:229-36.

391. LÁZARO CARRETER, F. "Lazarillo de Tormes" y la picaresca. Barcelona: Ariel, 1972. 232 pp. (Letras e ideas minor, I.)

   CLU, CU, CtY, DLC, ICU, IaU, IU, MoU, MiU, MH, PU, TxU, ViU.

392. _____. " Nueva luz sobre la génesis del Lazarillo? Un hallazgo de Alberto Blecua," Ínsula (1972), no. 312. [27 nov.]

393. MARTINS, M. "O Lazarilho de Tormes, a Arte de furtar e El Buscón de Quevedo," Colóquio (1972), no. 6:35-43.

394. PRIETO, ANTONIO. "De un símbolo, un signo un síntoma (Lázaro, Guzmán, Pablos)," in Ensayo semiológico de sistema literario. Barcelona, 1972, pp. 15-65.

   DLC, IU, PU, WU.

395. RANDOLPH, DONALD A. "La destrucción material en los primeros Lazarillos," DHR 11 (1972), nos 2-3:23-28.

396. THOMSEN, CHRISTINA W. "Aspekte des Grotesken im Lazarillo de Tormes," NS 21 (1972):584-95.

397. WINDLER, V. C. "Alienación en el Lazarillo de
Tormes. La fragmentación del 'yo' narrativo," EFil
8 (1972) 225-53.

398. ABRAMS, FRED. "Hurtado de Mendoza's Concealed
Signatures in the Lazarillo de Tormes," RN 15
(1973), no. 2:341-45.

399. ANON. "Cercando al Barroco en un retrato del
Lazarillo," EH (1973), no. 39:22-24.

400. ASENSIO, EUGENIO. "Dos obras dialogadas con
influencias del Lazarillo de Tormes: Coloquios de
Collazoz, y anónimo Dialogo del capon," CHA (1973),
nos. 280-82:385-98.

401. BLANQUAT, JOSETTE. "Fraude et frustration dans
Lazarillo de Tormes," in Culture et marginalité au
XVIe siècle. Paris: Klincksieck, vol. I, pp.
41-73.

402. BELL, A. "The Rhetoric of Self-Defense of Lázaro
de Tormes," MLR 68 (1973), no. 1:84-93.

403. CAMPORESI, PIETRO. Il libro dei vagabondi. "Lo
speculum cerretanorum" di Teseo Pini. Il vagabondo
de Raffaele Frianoro e altri testi di furfanteria.
Torino: G. Einaudi, 1973, pp. 49-52, 147-49.
    DLC, MH.

404. CASALDUERO, JOAQUÍN. "Sentido y forma de El
Lazarillo de Tormes," in his Estudios de literatura
española. Madrid: Gredos, 1973, pp. 72-89.
    CLU, CU, DLC, IU, MH, PU, WU.

405. DELACOUR, F. "El niño y la sociedad española de los siglos XIII a XVI," AT 7 (1973):177-232 [Lazarillo, pp. 210-30].

406. ENTRAMBASAGUAS, JOAQUÍN DE. "Observaciones sobre la picaresca, El Lazarillo de Tormes y su autor," LdD 3 (julio-dic. 1973), no. 6:91-102.

407. GÓMEZ MENOR FUENTES, J. "Nuevos datos documentales sobre el Licenciado Sebastián de Horozco," AT 6 (1973):247-86.

408. HERRAIZ DE TRESCA, T. "Experiencia e imagen del mundo en Lazarillo de Tormes," CLE 2 (1973-74), no. 4:32-9.

409. LOMAX, DEREK W. "On Re-Reading the Lazarillo de Tormes," SIHF (1973):371-81.

    CLU, DLC, ICU, IaU, IU, MH, PU, ViU, WU.

410. RICAPITO, JOSEPH V. "Cara de Dios: Ensayo de rectificación," BHS 50 (1973), no. 2:142-46.

411. _____. "Algunas observaciones más sobre 'contome su hacienda' en el Lazarillo de Tormes," AION-SR 15 (1973), no. 2:227-33.

412. FERNÁNDEZ-RUBIO, R. "Otra interpretación del cura de Maqueda," FSt 21 (1974), no. 4:29-33.

413. MALDONADO, F. C. R. "Las dos negras fantasmas en el Lazarillo," EL (15 nov. 1974), no. 552 [Pliegos sueltos de la Estafeta 74].

414. MARÍN MORALES, J. A. "El Lazarillo de Tormes en la picaresca," Arbor (1974), no. 342:139-44.

415. MARTZ, LINDA. Toledo y los toledanos en 1561 [i.e. mil quinientos sesenta y uno]. Linda Martz, Julio Porres Martín - Cleto. Toledo: Diputación Provincial, 1974. 382 pp. (Pulicaciones del Instituto Provincial de Investigaciones y Estudios Toledanos: Serie primera Monografías: v. 5.) DLC, IU, MH.
416. WINDLER, VICTORIA C. "Alienación en el Lazarillo de Tormes," EFil 8 (1972):225-53.
417. AVALLE-ARCE, J. B. "Tres comienzos de novela," in his Nuevos deslindes cervantinos. Espluguas de Llobregat: Ariel, 1975, pp. 213-43. (Letras e ideas: Maior 6).
418. CHEVALIER, MAXIME. "La fuite de l'escudero (Lazarillo de Tormes, Tratado III), BH 77 (1975), nos. 3-4:319-20.
419. DEYERMOND, A. D. Lazarillo de Tormes. A Critical Guide by . . . London: Grant & Cutler, 1975. 102 pp. (Critical Guides to Spanish Texts).
420. FRENK ALATORRE, M. "Tiempo y narrador en el Lazarillo: Episodio del ciego," NRFH 24 (1975):197-218.
421. GARCÍA LORCA, F. "Lazarillo de Tormes y el arte de la novela," HMRM (1975):255-61.
422. GULLÓN, RICARDO. "Espacios en la novela española," SinN 5 (1975), no. 3:5-20 [Lazarillo y novelas de Unamuno y Valle-Inclán].

423. HESSE, EVERETT W. "The Lazarillo de Tormes and the Playing of a Role," KRQ 22 (1975):61-76.

424. MANCING, HOWARD. "The Deceptiveness of Lazarillo de Tormes," PMLA 90 (1975):426-32.

425. _____. "A Note on the Formation of Character Image in the Classic Spanish Novel," PQ 54 (1975):528-31.

426. RUFFINATTO, ALDO. Struttura e significazione del "Lazarillo de Tormes" I: La construzione del modello operativo dell'intreccio alla fabula. Torino: Giappichelli, 1975. 210 pp.
DLC, IU, MH.

427. TRUMAN, R. W. "Lazarillo de Tormes, Petrarch's De Remediis Adversae Fortunae, and Erasmus's Praise of Folly," BHS 52 (1975), no. 1:33-53.

428. WEISGERBER, JEAN. "A la recherche de l'espace romanesque: Lazarillo de Tormes, Les aventures de Simplicissimus et Moss Flanders," Neohelicon 3 (1975), nos. 1-2:209-27.

429. YNDURÁIN, DOMINGO. "Algunas notas sobre el 'Tractado tercero' del Lazarillo de Tormes," in SHHL 3 (1975), pp. 507-17.

430. ADRADOS, FRANCISCO R. "La vida de Esopo y la Vida de Lazarillo de Tormes," RFE 58 (1976), nos. 1-4:35-45.

431. CROS, EDMOND. "Semántica y estructura sociales en el Lazarillo de Tormes," RHM 39 (1976-77):79-84.

432. DARBORD, MICHEL. "Presentation du Lazarillo de
Tormes: Le Gueux hors de la cite," MGR (1976):
27-33.
433. DE LONG-TONELLI, B. "La ambigüedad narrativa en el
Lazarillo de Tormes," REH 10 (1976), no. 3:377-89.
434. DURÁN, ARMANDO. "Teoría y práctica de la novela en
España durante el Siglo de Oro," in Sanz
Villanueva, Santos & Carlos J. Barbachano, eds.
Teoría de la Novela. Madrid: Sociedad Gen.
Espanola de Librería, 1976, pp. 55-99.
435. FIORE, ROBERT L. "Desire and Disillusionment in
Lazarillo de Tormes," SLL (1976):159-64.
436. GODOY GALLARDO, E. "Funciones de las formas
lingüísticas de primera persona plural en el plano
temático de Lazarillo de Tormes," BFM 27
(1976):135-49.
437. KENNEDY, HUGH W. "Lázaro y el 'coco'," REH 10
(1976), no. 1:57-67.
438. LIDA DE MALKIEL, MARÍA R. El cuento popular y
otros ensayos. Buenos Aires: Losada, 1976. 172
pp.
439. MANCING, HOWARD. "Fernando de Rojas, La Celestina
and Lazarillo de Tormes," KRQ 22 (1976), no.
1:47-61.
440. PATRONATO ARCHIPRESTE DE HITA. "Una mesa redonda
sobre la picaresca y en particular sobre el
Lazarillo," Yelmo (julio-agosto-septiembre, 1976),
no. 29:41-47.

441. PIPER, ANSON C. "Lazarillo's arcaz and Rosalía de Bringas' cajoncillo," RHM 39 (1976-77):119-22.
442. SERRA, CHRISTÓBAL. Antología del humor negro español. Del Lazarillo a Bergamín. Barcelona, 1976. 367 pp.
443. SUÁREZ-GALBÁN, E. "El Lazarillo frente al manierismo," Ínsula 31 (nov. 1976), no. 360:10.
444. CORTINA GÓMEZ, R. "On Dating the Lazarillo," HR 45 (1977), no. 1:61-66.
445. DAVEY, E. R. "The Concept of Man in Lazarillo," MLR 72 (1977), no. 3:596-604.
446. HESSE, EVERETT W. "The Lazarillo de Tormes and the Way of the World," REH 11 (1977), no. 2:163-80.
447. HUGHES, GETHIN. "Lazarillo de Tormes: The Fifth Tratado," Hispanófila (1977), no. 61:1-9.
448. MAZZOCCO, ANGELO. "Strains of Castiglione's Il Cortegiano in the squire of Lazarillo de Tormes," in Hesperias (1977):225-38.
449. SUÁREZ-GALBÁN, E. "La caracterización en Till Eulenspiegel y en el Lazarillo," CHA (1977), no. 319:153-62.
450. VARELA MUÑOZ, J. "El Lazarillo de Tormes como una paradoja racional," RCEH 1 (1977), no. 2:153-84.
451. WARDROPPER, BRUCE W. "The Strange Case of Lázaro González Pérez," MLN 92 (1977), no. 2:202-12.
452. BJØRNSON, RICHARD. "Lazarillo 'arrimándose a los buenos'," RN 19 (1978), no. 1:67-71.

453. CROS, EDMOND. "Le folklore dans le Lazarillo de Tormes. Nouvel examen. Problemes methodologiques," APEu (1978):9-44.
454. HERRERO, JAVIER. "The Ending of Lazarillo: The Wine against the Water," MLN 93 (1978), no. 2:313-19.
455. _____. "The Great Icons of the Lazarillo: The Bull, the Wine, the Sausage and the Turnip," I&L I (1978), no. 5:3-18.
456. LÁZARO CARRETER, F. Lazarillo de Tormes en la picaresca. Barcelona: Ariel, 1978. 232 pp. (Letras e ideas. Minor 1.)
457. MOORE, ROGER. "Lazarillo de Tormes and the Motif-Index: Some Comments on J. Wesley Childers's Tales from the Spanish Picaresque Novel: A Motif-Index," IFR 5 (1978):153-56.
458. SANCHEZ ROMERALO, J. "Lázaro en Toledo (1553)," HAP (1978):189-202.
459. SANTOYO, JULIO C. Ediciones y traducciones inglesas del "Lazarillo de Tormes" 1568 - 1977). Vitoria: Colegio Universitario de Alava, 1978. 191 pp. [Desconoce por completo la bibliografía anterior que versa sobre el mismo tema.]
460. SIEBER, HARRY. Language and Society in "La vida de Lazarillo de Tormes." Baltimore: Johns Hopkins University Press, 1978. 108 pp.

461. SIMARD, JEAN CLAUDE. "Los títulos de los tratados en el Lazarillo de Tormes," RCEH 3 (1978), no. 1:40-46.

462. SUÁREZ GALBÁN, E. El proceso caracterizadordel Lazarillo: Una revaloración," SN 9 (1978), no. 2:49-66.

VII. LAZARILLO DE TORMES (1555)
(Segunda Parte anónima)

A) Estudios / Studies

463. RICARD, ROBERT. "Du roi D. Duarte de Portugal a Ciro Alegría - Oración de Justo Juez," BH 56 (1954), no. 4:415-23.

464. _____ et BERNARD POITTIER. "A propos du portugais 'galile'," BH 58 (1956), no. 1:77-83.

465. AUBRUN, CHARLES. "Trapero, platero, pícaro et tuno ou les perplexités d'un non spécialiste," in Mélanges de linguistique et de philologie romanes dediés a la memoire de Pierre Fouché (1891-1967) Communications réunies par G. Matoré, avec la collaboration de Cadiot-Cueilleron, 1970. xvi, 164 pp. (Col. Études linguistiques, 11).

DLC, IU, MH.

466. SALUDO, MAXIME S. "Introduction au Lazare aux thons (Anvers 1555). Première suite du Lazarillo de Tormes." Diss. Thèse pour le doctorat du troisieme cycle. Université de lettres et sciences humaines de nice, 1973. xx, 429 pp.

467. RUDDER, ROBERT S. "Lazarillo de Tormes y los peces: La continuación anónima de 1555," ExTL 2 (1974):257-66.

VIII. SEGUNDA PARTE DE LA VIDA DE LAZARILLO DE TORMES . . . (1620)

A) Ediciones / Editions

468. LA VIDA de Lazarillo de Tormes y sus fortunas y adversidades, por D. Diego Hurtado de Mendoza. Nueva ed., aumentada con la Segunda parte sacada de las crónicas antiguas de Toledo, por H. de Luna. Paris: Garnier [188-?] iv, 129 pp.

MiU, OU.

469. EL LAZARILLO de Tormes, por D. Diego Hurtado de Mendoza. La vida del buscón, por D. Feancisco de Quevedo Villegas. Barcelona: La Verdadera Ciencia Española, 1886. 239 pp. (La Verdadera Ciencia Española; Biblioteca Económica, v. 62.)

MiU.

470. Vid. GRISEBACH, EDUARD RUDOL. Edita und inedita Schopenhaueriana. Eine Schopenhauerbibliographie, sowie randischriften und Briefe Arthur Schopenhauer's, mit portrat, wappen und facsimile der handschrift des meister, herausgegeben zu seinem hundertjahrigen geburt stage von . . . Leipzig: F. A. Brockhaus, 1888. 221 pp.

Contiene una edición de la Segunda parte . . . de Juan de Luna.

CaBVaU, CtY, DLC, ICN, LU, MH, NN.

471. LA VIDA de Lazarillo de Tormes y de sus fortunas y adversidades. [pt. 1 by Hurtado de Mendoza; pt. II by H. de Luna] [by L. Vélez de Guevara] Paris: L. Michard [1913], 258 pp. (Biblioteca económica de clásicos castellanos)

    MH, MMeT, NN.

472. TRELLES GRAINO, J., ed. El Lazarillo de Tormes. Edición y prólogo por . . . Madrid: V. Suárez, 1947. 217 pp. (Serie escogida de autores españoles, 15) [Segunda parte de la vida de Lazarillo de Tormes . . . por Juan de Luna, pp. 105-217].

473. LAZARILLO de Tormes. Segunda parte de Lazarillo de Tormes [de] Juan de Luna. Prólogo de Juan Alcina Franch, con un breve vocabulario (al final del libro) de las voces más desusadas que aparecen en esta obra. 2.ª ed. Barcelona: Edit. Juventud, New York, Las America Publishing Co., 1967. 192 pp. (Col. Z, no. 115)

    IU, MH, PU, WU.

474. LAZARILLO de Tormes. H. de Luna. Segunda parte de Lazarillo de [Prólogo y notas de Ángel Valbuena Prat]. Madrid: Aguilar, 1972. 286 pp. (Crisol literario, 64)

    IU, NBuU

A BIBLIOGRAPHY OF PICARESQUE LITERATURE 67

475. PIÑERO REMÍREZ, PEDRO M., ed. Lazarillo de Tormes y Segunda parte de la vida de Lazarillo de Tormes, por Juan de Luna. Edición preparada por . . . Madrid: Editora Nacional, 1977. 262 pp.
DLC.

476. LAURENTI, JOSEPH L. Juan de Luna. Segunda parte de la vida de Lazarillo de Tormes . . . Madrid: Espase-Calpe, S.A. [En prensa / in print] (Colección Clásicos Castellanos)

B) Traducciones / Translations

A. Francesas / French

477. LA VIE et avantures de Lazarillo de Tormes écrites par lui mêm. Tradution nouv. sur le veritable original espagnol . . . Brusslles: Goerge de Backer, 1699. 2 vols. en 1.
ICU, PU.

478. LA VIE et avantures de Lazarillo de Tormes. Écrites par lui même. Traduction nouvelle sur le veritable original espagnol. A Cambray, Chez N. J. Douilliez, 1731. 2 vols. en 1. (333 pp.)
OkU.

2. Inglesas / English

479. THE LIFE and Adventures of that Most Witty and Ingenious Spaniard, Lazarillo de Tormes: Containing a Great Variety of Humorous Exploits in the uncommon fortunes and Misfortunes of his Life, from his Cradle to his Grave. Written by Himself. From the Spanish, Carefully Corr. Edinburgh [17--], 257 pp.

IU, MWA.

C) Estudios / Studies

480. RIQUER, MARTÍN DE. La Celestina y Lazarillo. Edición, prólogo y notas por . . . Barcelona: Edit. Vergara, 1959, pp. 125-36.

CLU, CU, DLC, FU, IaU, IU, MH, MoU, MiU, NNH, PU, TxU, ViU, WU.

481. VITT, KARHEINZ. "Studien zum Spanischen Schelmenroman "Lazarillo de Tormes." Diss. Univ. de Münster, 1969. 420 pp.

482. RUDDER, ROBERT S. "La segunda parte de Lazarillo de Tormes: La originalidad de Juan de Luna," EFil 6 (1970):87-112.

483. BAADER, HORST. "Lazarillo Weg zur Eindeutigkeit oder Juan de Luna als Leser und Interpret des anonymen Lazarillo de Tormes," in IVWP (1972), pp. 11-33.

CLU, DLC, IU, MU, MiU, PU, ViU, WU.

484. SCHÖNHAAR, RAINER. "Pikaro und Eremit. Ursprung und Abwandlungen einer Grundfigur des europäischen Romans von 17. ins 18. Jahrhundert," in DLL (1973), pp. 43-94.

   INS, IU, MH, ViU, WU.

485. FRANCIS, ALAN. "La estrategía satírica del Lazarillo de Luna," NRFH 25 (1976), no. 2:363-73.

486. COLLET-SEDOLA, S. "Juan de Luna et la première édition de l'Art Breve," BH 79 (1977), nos. 1-2:148-54.

IX. LAZARILLO DE MANZANARES CON OTRAS CINCO NOVELAS

(1620)

Por Juan Cortés de Tolosa

A) Ediciones / Editions

487. CHAMORRO FERNÁNDEZ, M. I., ed. El Lazarillo de Manzanares. Introducción, notas y glosario de . . . Madrid: Taurus, 1970. 168 pp.

   [Reimpresión / Reprint: Madrid: Taurus, 1973]

   CLU, INS, IU, MoU, MiU, NjP, ViU, WU.

488. SANSONE, GIUSEPPE E., ed. Lazarillo de Manzanares con otras cinco novelas. Introducción por . . . Madrid Espasa-Calpe, S. A., 1974. 2 vols. (208, 238 pp.) (Clásicos Castellanos, 186-187)

   [Reimpresión / Reprint: Madrid: Espasa-Calpe, S. A., 1975]

B) Estudios / Studies

489. SANSONE, GIUSEPPE E. "L'antilazarillo de Juan Cortés de Tolosa," in Saggi Iberici. Bari: Adriatica Edit., 1974, pp. 192-218.
IU, MH, WU.

490. RUDDER, ROBERT S. "Lazarillo de Manzanares: A Reconsideration," KRQ 24 (1977), no. 2: 141-50.

X. EL GUZMÁN DE ALFARACHE (1599)
Por Mateo Alemán

A) Ediciones / Editions

491. GUZMÁN de Alfarache. Barcelona: Editorial Ramón Sopena, 1966. 496 pp. (Biblioteca Sopena).
OWorP.

492. BOLAÑO E ISLA, A., ed., Guzmán de Alfarache. Introducción de . . . Con vocabulario. México; Edit. Porrúa, 1971. xxii, 427 pp. (Col. "Sepan Cuantos," 182)
IU.

493. MATEO ALEMÁN. Guzmán de Alfarache. Barcelona: Edit. Bruguera, 1972. 84 pp.
[Edic. para niños]

494. ONRUBIA DE MENDOZA, JOSÉ, ed. Guzmán de Alfarache . . . Con un estudio preliminar, notas y bibliografía seleccionada por don . . . [1. ed.] Barcelona: Edit. Bruguera [1972], 774 pp. (Libro clásico, 108)
IU, MH.

495. GILI GAYA, S., ed. Guzmán de Alfarache. Edición,
estudio y notas por . . . 7. ed., ilustrada.
Zaragoza: Edit. Ebro [1972], 141 pp. Biblioteca
clásica Ebro. Clásicos españoles, 51. Serie Prosa,
21)

496. _____. Guzmán de Alfarache. Edición,
introducción y notas de Samuel Gili Gaya. Madrid:
Espasa-Calpe, S.A., 1973. 5 vols. (Col. "Clásicos
castellanos," nos. 73, 83, 90, 93, 114).

497. ALEMÁN, MATEO. Guzmán de Alfarache. Madrid:
Círculo de Amigos de la Historia, 1973. 2 vols.
ilustr.
DLC, IU, MH.

498. ALEMÁN, MATEO. Guzmán de Alfarache. Valencia-
Barcelona: Círculo de lectores, 1975. 656 pp.
MH

B) Traducciones / Translations
   A. Alemanas / Germans

499. ALBERTINUM, AEGIDIUM, tr. Der Landstörtzer Gusmann
von Alfarache oder Picaro gennant . . . Durch
. . . ausz dem Spanischen Hildesheim-New York:
Georg Olms Verlag, 1972. xiv, 723 pp.
[Reimp. facs. de la ed. de München, 1615]

500. _____. Hildesheim-New York: Georg
Olms Verlag, 1974. Mit einem Vorwort von Dr. J.
Mayer. xiv, 723 pp.

C) Ediciones parciales / Partial editions (inglesas / English)

501. ALEMÁN, MATEO. The Loves of Osmin and Daraxa . . . [London], 1721. 1 p. pp. 87-217 (In Croxall, Samuel: A select collection of novels and histories - 2nd. ed. London, 1720. vol. 6).
DLC, IU.

502. _____. The Loves of Osmin and Daraxa . . . London, 1729. 1 p. pp. 89-183. (In Croxall, Samuel, A select collection on novels and histories. 2nd. ed. London, 1729. vol. 6)
DLC, IU.

D) Estudios / Studies

503. WOLF, FERDINAND. "Besprechungen von Ausgaben des Guzmán de Alfarache," JdL (1848), no. 122:76-118.

504. ESPINOSA, CIRO. "La novela picaresca y el Guzmán de Alfarache," Idea (1935):1-21.

505. HUNTER, ALFRED C., ed. Jean Chapelain. Opuscules critiques. Paris: E.Doz, 1936. 533 pp.
AU, CaBVaU, CtY, CU, DLC, ICU, MiU, MoU, NcD, NjP, OrU, OCU, OU, PPULC, TU, TxU.

506. ABONAF, SYLVANI. Les questions economiques et financieres dans le "Guzmán de Alfarache." Paris, 1959. (Institut Hispanique) Diss.

507. BLEIBERG, GERMÁN. "Nuevos datos bibliográficos de Mateo Alemán," ASCIH (1967), pp. 25-49.

508. PIÑERO RAMÍREZ, PEDRO M. "La Ortografía castellana del sevillano Mateo Alemán," ArH 2.ª epoca (1967), nos. 141-146:179-239.

509. SOBEJANO, GONZALO. Forma literaria y sensibilidad social (Mateo Alemán, Galdós, el 98 y Valle-Inclán). Madrid: Editorial Gredos, 1967, pp. 9-66. (Biblioteca Románica Hispánica. 7. Campo Abierto, 19).
CLU, CU, DLC, ICU, FU, IU, MiU, MoU, NjP, NNH, PU, ViU, WU.

510. MC GRADY, DONALD. Mateo Alemán. New York: Twayne Publishers, Inc., 1968. 190 pp. (TWAS 48).
DLC, IU, MH, MiU, NNH, PU, TxU, WU.

511. WARDROPPER, BRUCE W. [On; Guzmán de Alfarache, Lazarillo and El Buscón], in LANGE, VICTOR, ed. Modern Literature, vol. II. New Jersey: Prentice Hall, Inc., 1968, pp. 96-100.

512. CROS, EDMOND. "La vie de Mateo Alemán. Quelques documents inédits. Quelques suggestions," BH 72 (1970):331-37.

513. FELDMAN, Joel I. "The Aprocyphal Guzmán: A Critical Evaluation and Structural Analysis." Diss. Los Angeles: Univ. of California, 1970. DAI 30 (1970):4983A-84A.

514. AGÜERA, VICTORIO G. "La Atalaya y el Espejo: Un paralelismo de estructuras," La Torre 72-74 (1971):161-83.

515. FERNÁNDEZ, ÁNGEL RAIMUNDO. "Tradición literaria y coyuntura histórica en el Guzmán de Alfarache," Mayurqa 5 (1971):5-24.

516. MANCINI, GUIDO. "Consideraciones sobre Ozmin y Daraja, Narracion interpolada," Prohemio 2 (1971), no. 3:417-37.

517. CLAVERÍA, C. España en Europa. Aspectos de la difusión de la lengua y las letras españolas desde el siglo XVI. Madrid, 1972, pp. 53-56.

518. DAVIS, BARBARA S. "An Analysis of the Structure and Style of Mateo Alemán's Guzmán de Alfarache." Diss. New York: Columbia University, 1972. DAI 33 (1972):270A-71A.

519. JOHNSON, C.B. "Dios y buenas gentes en Guzmán de Alfarache," RF 84 (1972):553-63.

520. LAUERHASS, FRANCES H. "'Toda cosa engaña y todos engañamos': Mateo Alemán's World-View Through Picaresque Fiction." Diss. Los Angeles: University of California, 1972. DAI 33 (1972):1733A.

521. OAKLEY, R. J. "The Problematic Unity in Guzmán de Alfarache," in HSHM, 1972, pp. 185-206.

522. BATAILLON, MARCEL. "Relaciones literarias," in Avalle-Arce, J.B. & E.C. Riley eds. Suma cervantina. London: Tamesis Books, 1973, pp. 215-32 (Col. Tamesis, Ser. A, 15).

523. BJØRNSON, RICHARD. "Guzmán de Alfarache: Apología for a 'Converso'," RF 85 (1973), no. 3:314-29.

A BIBLIOGRAPHY OF PICARESQUE LITERATURE 75

524. CAVILLAC, M. & C. "A propos du Buscón et de Guzmán de Alfarache," BH 75 (1973):114-31.
525. CHEVALIER, MAXIME. "Guzmán de Alfarache (1605): Mateo Alemán frente a su público," ALM 11 (1973):125-47.
526. FOLKENFLIK, VIVIAN. "Vision and Truth: Baroque Art Metaphors in Guzmán de Alfarache," MLN 88 (March 1973), no. 2:347-55.
527. FRETZEL BEYME DE TESTONI, S. "La función de la figura humana en Guzmán de Alfarache," in Cvitanovic, Dinko & all . . . La idea del cuerpo en las letras españolas (siglo XIII a XVII). Bahía Blanca: Univ. Nacional del Sur, 1973, pp. 154-80.
528. TORRES MORALES, JOSÉ A. "Las novelas del Licenciado Tamariz y los relatos interpolados en el Guzmán de Alfarache," RevEH 3 (1973), nos. 1-3: 55-78.
529. AGÜERA, VICTORIO G. "Salvación del cristiano nuevo en el Guzmán de Alfarache," Hispania 57 (1974), no. 1:23-30.
530. NORVAL, M. N. "Original Sin and the 'Conversion' in the Guzmán de Alfarache," BHS 51 (1974), no. 4: 346-64.

531. JONES, J. A. "Duality and Complexity of Guzmán de Alfarache: Some Thoughts on the Structure and Interpretation of Aleman's Novel," in Whitbourn, Christine J., ed., Knaves and Swindlers: Essays on the Picaresque Novel in Europe. London, New York, Oxford: Univ. Press of Hull, 1974, pp. 24-47.

532. SAN MIGUEL, ÁNGEL. "Tercera parte del Guzmán de Alfarache. La promesa de Alemán y su cumplimiento por el portugués Machado da Silva," IR (1974), no. 1 Nueva época, 95-120.

533. ARIAS, JOAN. "Point of View and the Unrepentant Narrator in the Guzmán de Alfarache by Mateo Alemán." Diss. Los Angeles: University of California, 1975. DAI 36 (1975):920A.

534. DAVIS, BARBARA. "The Style of Mateo Alemán's Guzmán de Alfarache," RR 66 (1975):199-213.

535. HATZFELD, HELMUT. "El estilo Barroco de Guzmán de Alfarache," Prohemio 6 (Abril 1975), no. 1:7-19.

536. PIÑERO RAMÍREZ, P. "Mateo Alemán: Su 'Elogio' de la Vida de San Ignacio (México, 1609) de Luis de Belmonte," ArH 68 2.ª época (1975), no. 177:37-52.

537. DAVID, BARBARA. "Epic 'aunque de sugeto humilide': A Structural Analysis of Guzmán de Alfarache," in AHT (1976), pp. 329-39.

538. IBÁÑEZ C., JAVIER. "Los Sucesos de Mateo Alemán," ALH (1976):49-62.

539. FRANCIS, ALAN. "El Guzman apócrifo: Picaresca decadente o problemática?" RHM 39 (1976-77):85-95.

540. ARIAS, JOAN. Guzmán de Alfarache: The Unrepentant Narrator. London: Tamesis, 1977. 106 pp.
    IU, NN, NNH, OU, PU, TxU.
541. GRIPPEN, DIANA. "Multiplicity of Stylistic Levels in Guzmán de Alfarache." Providence, Rhode Island: Brown University, 1977. DAI 38 (1977):306A-07A.
542. LAURENTI, JOSEPH L. "Ediciones y traducciones raras del Siglo de Oro de El Guzmán de Alfarache, de Mateo Alemán, en la biblioteca de la Universidad de Illinois," ArH 61 (1978), no. 186:129-40.
543. SOBEJANO, GONZALO. "De Alemán a Cervantes: Monólogo y diálogo," HMC (1977):713-29.
544. JOHNSON, CARROLL B. Inside Guzmán de Alfarache. Berkeley: University of California Press, 1978. 268 pp.
    CU, DLC, INS, IU, TxU.
545. SMITH, HILARY S. D. "The Pícaro Turns Preacher: Guzmán de Alfarache's Missed Vocation," FMLS 14 (1978):387-97.

XI. LIBRO DE ENTRETENIMIENTO DE LA PÍCARA JUSTINA (1605)
    Por Francisco López de Úbeda

A) Ediciones / Editions
546. LA PÍCARA Justina. Anónimo. Barcelona: Ramón Sopena, S.A., 1967. 1 vol.
547. LA Pícara Justina. Anónimo. Barcelona: Gasso Hnso., S.A., 1970. 414 pp.

548. FRANCISCO LÓPEZ DE ÚBEDA. La pícara Justina. La melindrosa escribana. El diablo cojuelo. Juan Sebastián Bach. Barcelona: Autor, 1975. 64 pp.

549. FRANCISCO LÓPEZ DE ÚBEDA. La pícara Justina. Madrid: Círculo de Amigos de la Historia, 1974. 317 pp. (Clásicos Españoles).

DLC, IU.

B) Traducciones / Translations

1. Alemanas

550. PÉREZ, ANDRÉS [i.e. FRANCISCO LÓPEZ DE ÚBEDA] Die Landstortzerin Iustina Dietzin, Picara Genandt. In deren wunderbarlichen Leben und Wanderl, alle List und Betrug, so in jtzigen zeit verubt und getrieben werden, und wie den selbigen zubegegnen, artig beschrieben . . . Erstlich durch Herrn Licentiat Franciscum di Ubeda von Toledo in Spanischer Spraach beschrieben, und in zwey Bücher abgetheilt. Nachmals von Baretzo Baretzi in Italianisch transferiert, und nun zum letzten auch in unser hochteutsche Spraach versetzt. Hildesheim 1975. [Reimpresión de la edición de Frankfurt am Main de 1626-27.] 1082 pp.

DLC, IU, MH.

C) Estudios / Studies

551. ANTONIO, NICOLÁS. Biblioteca Hispana Nova. Madrid [s. i. / n. p.] 1738. I, p. 494.

552. PÉREZ PASTOR, CRISTÓBAL. La imprenta en Medina del Campo. Madrid: Rivadeneyra, 1895. p. 478.

553. BATAILLON, MARCEL. "Don Rodrigo Calderón Anversois," [Communication a l'Academie royal de Belgique (7-XX-1959)] BSMP 45 (1959):595-616. Trad: M. Bataillon: Pícaro y picaresca. Madrid: Taurus, 1969, pp. 91-120.

554. STADLER, ÜLRICH. "Parodistisches in der Justina Dietzin; Picara Uber de Entstehungsbedingungen und zur Wirkungsgeschichte von Ubedas Schelmenroman in Deutschland," Arcadia 7 (1972):161-70.

555. TRICE, FRANCIS L. "A Literary Study of La pícara Justina." Diss. Syracuse, New York: Syracuse University, 1972. DAI 32 (1972), p. 4581A.

556. JONES, JOSEPH. "Hieroglyphics in La Pícara Justina," ELHH (1974), pp. 415-29.

557. DAMIANI, BRUNO M. "Aspectos barrocos de la Pícara Justina," ASCIT (1977) [De próxima publicación]

558. _____. Francisco López de Úbeda. By Bruno M. Damiani. Boston: Twayne Publishers. A Division of G. K. Hall & Co., 1977. 180 pp. (TWAS 431).

559. _____. "Aspectos estilísticos de La Pícara Justina," Hesperias (1977):129-42.

XII. LA HIJA DE CELESTINA (1612)

Por Alonso Jerónimo de Salas Barbadillo

A) Ediciones / Editions

560. ALONSO JERÓNIMO DE SALAS BARBADILLO. La hija de la Celestina. Es sagaz estacio. Madrid: Amigos de la Historia, 1974. 288 pp.

B) Estudios / Studies

561. LA GRONE, GREGORY C. "Quevedo and Salas Barbadillo," HR 110 (1942):223-43.

562. _____. "Some Poetic Favorites of Salas Barbadillo," HR 13 (1945):24-44.

563. SIMÓN DÍAZ, J. "Textos dispersos de clásicos españoles," RdL (1968), nos. 65-66:121-67.

564. MELLONI, ALESSANDRA. "Rilievi strutturali sulla Hija de Celestina de Salas Barbadillo," LeS 7 (1972):261-87.

565. CAUS, FRANCISCO A. "Aspectos de la novelística de Salas Barbadillo," Diss. New Brunswick, N. J. Rutgers Univ., 1972. DAI 33 (1972):1717A.

566. _____. "Salas Barbadillo y La Celestina," BCB 14 (1973), no. 3:104-08.

567. PEYTON, MYRON A. Alonso Jerónimo de Salas Barbadillo. New York: Twayne Publishing, Inc., 1973. 197 pp. (TWAS 212).

568. BROWNSTEIN, LEONARD. Salas Barbadillo and the New Novel of Rogues and Courtiers. Madrid: Playor, 1974. 185 pp. (Colección Plaza Mayor Scholar).
CU, DLC, ICU, IU, MH, NjP, NN, PU, ViU, WU.

569. CAUS, FRANCISCO A. "Ecos cervantinos en la obra de Salas Barbadillo," AC 13-14 (1974-75):165-68.

570. LEETCH, BEVERLY C. "Salas Barbadillo's La ingeniosa Elena: An Edition and Study." Diss. Johns Hopkins University. DAI 38 (1978):6759A.

571. SENZIER, GUY. "Caracteres y formas de la sátira en Salas Barbadillo," in MAJR t. II (1978):1109-1118.

XIII. RELACIONES DE LA VIDA
DEL ESCUDERO MARCOS DE OBREGÓN (1618)
Por Vicente Espinel

A) Ediciones / Editions

572. VIDA DE Marcos de Obregón. Edición, prólogo y notas de Samuel Gili Gaya. 5. ed. Madrid: Espasa-Calpe, 1969-70. 2 vols. (Clásicos castellanos, 43, 51)

CU, DLC, ICU, IU, MH, MoU, ViU, WU.

573. VIDA DE Marcos de Obregón. Madrid: Espasa-Calpe, 1972. 2 vols. (Austral, 1486).

CU, DLC, IU, MiU, NjP, PU, TxU, WU.

574. VICENTE ESPINEL. Marcos de Obregón. Madrid: Círculo de Amigos de la Historia, 1976. 318 pp. (Clásicos españoles; vol. 21)

B) Estudios / Studies

575. FABBIANI RUIZ, J. "El paisaje en Espinel y el áspero humorismo de Quevedo," in Clásicos castellanos (Novelas y novelistas). Caracas: Elite, 1944. 1 vol.

576. ZAMORA VICENTE, ALONSO. "Tradición y originalidad en el Escudero Marcos de Obregón," in Presencia de los clásicos. Buenos Aires: Espasa-Calpe, 1951, pp. 75-140.

577. FUCILLA, JOSEPH. "Sobre las fuentes de Del rey abajo ninguno," NRFH 5 (1951):381-93. Item in his: Relaciones hispanoitalianas. Madrid: C.S.I.C., 1953. Ariosto, Espinel y Rojas Zorrilla.

578. PARDO TOVAR, A. "Perfil y semblanza de Vicente Espinel," RMC 15 (1961):9-36; 16 (1962):6-30.

579. LAURENTI, JOSEPH L. Ensayo de una bibliografía de la novela picaresca (1554-1964). Madrid: C.S.I.C., 1968, pp. 84-88.

580. SERÍS, HOMERO. Nuevo ensayo de una biblioteca española de libros raros y curiosos. New York: Hispanic Society of America, 1969, pp. 344-56.
CU, ICU, MH, PU, TxU, WU.

581. SIMÓN DÍAZ, JOSE. Bibliografía de la literatura hispánica, vol. IX. Madrid: C.S.I.C., 1971, pp. 676-88.
AU, CLS, CU, CtY, DLC, ICU, ICN, IaU, IU, MH, MoU, MiU, PU.

582. BJØRNSON, RICHARD. "Social Conformity and Justice in Marcos de Obregón," REH 9 (1975), no. 2:285-307.
583. MONTORO, ADRIAN G. "Libertad cristiana: Relectura de Marcos de Obregón," MLN 91 (1976), no. 2:213-30.
584. HEATHCOTE, A. ANTONY. Vicente Espinel. Boston: A Division of G. K. H.., & Co., 1977. 166 pp. (TWAS 440).
    DLC, IU, MH, PU, ViU, WU.
585. HENRY, INÉS DOLZ. "Función de la repetición de palabras en La vida del escudero Marcos de Obregón, de Vicente Espinel," BFM 28 (1977):383-86.

XIV. LA DESORDENADA CODICIA DE LOS BIENES AJENOS (1619)
    Por Carlos García

A) Ediciones / Editions

586. CARLOS GARCÍA. La desordenada codicia de los bienes ajenos. Antigüedad y nobleza de los ladrones. Edición y prólogo de Fernando Gutiérrez. Barcelona, 1959. 150 pp. (Selecciones bibliófilas, 2. ser., vol. 9.).
    Reimpresión / Reprint: 1974.
587. CARLOS GARCÍA. La desordenada codicia de los bienes Agenos. Edición crítica, introducción y notas de Giulio Massano. Madrid: Edit. Porrúa, 1977. xi, 215 pp. (Studia humanitatis)
    CU, CLU, ICU, IU, MH, NjP, NN, PU, ViU, WU.

B) Estudios / Studies

588. CARBALLO PICAZO, A. "Historia de un cuento. Una nota sobre el doctor Carlos García," RByD 2 (1948):225-41.

589. PELORSON, JEAN-MARC. "Le docteur Carlos García et la colonie Hispano-Portugaise de Paris (1613-1619)," BH 71 (1969):518-76.

590. ALONSO HERNÁNDEZ, JOSÉ L. "Le monde des voleurs dans la litterature espagnole des XVIe et XVIIe siècles. Structures sociales révélées par l'étude du lexique," in ERUP (1973):11-40.

591. MASSANO, GIULIO. "La desordenada codicia de los bienes ajenos by Carlos García: A Critical Edition." Diss. Washington, D.C.: The Catholic University of America, 1974. DAI 35 (1974):1112A.

592. BAREAU, MICHEL. "Notes biographiques sur Carlos García," BH 79 (1977) [1978], nos. 1-2:155-75.

593. SENABRE, RICARDO. "El doctor Carlos García y la picaresca," CIH I (1978):43-54.

594. THACKER, M. J. "La desordenada codicia de los bienes ajenos - a caso limite of the picaresque," BHS 55 (1978), no. 1:33-41.

XV. EL DONADO HABLADOR ALONSO (1624)
Por Jerónimo de Alcalá Yáñez y Ribera

A) Estudios / Studies

595. VALBUENA BRIONES, A. "Burguesía y picaresca en Alonso mozo de muchos amos," Arbor 83 (972):31-7.

XVI. HISTORIA DE LA VIDA DEL BUSCÓN . . . (1626)

Por Francisco de Quevedo y Villegas

A) Ediciones / Editions

596. CAÑIZARES, JOSÉ, ed.? Comedia famosa. La vida de el (sic) Gran Tacaño. Madrid: Sanz, 1743. [32 pp.]

MnU, MWelC, OO.

Reimpresión / Reprint: Madrid, 1763; Sevilla: Viuda de F. Leefdael, 17--? 28 pp.

CtY, NN.

597. HISTORIA y vida del gran Tacaño por Don Francisco de Quevedo Villegas. Barcelona: Impr. de A. Bergnes y comp., 1833. 256 pp. (On cover: Biblioteca selecta, portátil y económica, o sea colección de novelas escogidas 1ª ser, t. XXIX.)

ICU.

598. HISTORIA de la vida del Buscón, llamado Don Pablos; ejemplo de vagamundos y de tacaños. Madrid: Dirección y Administración, 1884. 183 pp. (Colección de los mejores autores antiguos y modernos, vol. 91).

WaU.

599. HISTORIA de la vida del gran tacaño, publicada por primera vez con el título de Historia de la vida del Buscón, llamado don Pablos; ejemplo de vagamundos y espejo de tacaños. Madrid: Monitor de Progreso [1908?], 115 pp. (Novelas picarescas, 1)

MH

600. CASTRO, AMÉRICO, ed. Historia de la vida del Buscón, por don Francisco de Quevedo. Prólogo y notas de . . . Paris, New York: T. Nelson & Sons [1917] xii, [2] 15-288 pp.

   CLU, CtY, MeB, OU.

601. HISTORIA de la vida del Buscón, novela picaresca. Madrid: [Espasa-Calpe] 1922. 202 pp.

   With this is bound: El Lazarillo de Tormes; Vélez de Guevara, Luis: El diablo cojuelo.

   CtU, PU.

   Reimpresión / Reprint: Buenos Aires, 1943, 1952.

602. HISTORIA de la vida des buscón llamado don Pablos. Texto íntegro, de acuerdo con la edición original. Buenos Aires: Editorial Sopena, 1938. 189 pp.

   (Biblioteca Mundial Sopena)

   DLC, OCU.

   Reimpresión / Reprint: Buenos Aires, 1942.

603. HISTORIA de la vida del Buscón, llamado Don Pablos; ejemplo de vagamundos y espejo de tacaños. Valencia: Editorial Castalia, 1944. 212 pp.

   (Colección Grandes Novelas, 2)

   IU,

604. HISTORIA de la vida del Buscón. Los sueños. Barcelona: Editorial Iberia, 1955. 370 pp.

   (Obras maestras)

   INS, OCl, PP.

605. GILI GAYA, S., ed. Historia de la vida del Buscón.
Selección, estudio y notas por . . . 5.ª ed.,
ilustrada. Zaragoza: Editorial Ebro [1955] 133
pp. (Biblioteca Clásica Ebro, Clásicos Españoles,
40)

   MiU.

   Reimpresión / Reprint: Zaragoza: Edit. Ebro,
   1959, 1969.

606. ALCINA, JUAN, ed. Historia de la vida del Buscón,
ejemplo de vagamundos y espejo de tacaños. Edición
anotada por . . . Portada de J. Narro. Ilustraciones a la pluma de Victor Pallares. 1.ª ed. New
York: Las Américas Publishing Co., 1959. 214 pp.

   ScU.

607. BUENDÍA, FELICIDAD, ed. Historia de la vida del
Buscón, in Obras completas, t. 1. Estudio
preliminar, edición y notas de . . . [6.ª edición]
Madrid: Aguilar, 1961-64.

   CLU, FU, IU, ViU, WU.

608. LOPE BLANCH, JUAN M., ed. Historia de la vida del
Buscón. México, 1963. xlix, 177 pp.

   IU, MH, WU.

609. HISTORIA de la vida del Buscón. [9.ª edicion]
Madrid: Espasa-Calpe, 1964. 148 pp. (Col.
Austral, no. 24).

   Reimpresión / Reprint: Prólogo de Domingo
   Ynduráin. Madrid, 1977.

610. VIDA del Buscón. Sueños y Discursos. [Nota preliminar de F.S.R. 6.ª edición] Madrid: Aguilar, 1964. 532 pp. (Colección Crisol, 15).

CU-S, IU, MH.

611. BELLINI, GIUSEPPE, ed. Historia de la vida del Buscón. A Cura de . . . Milamo: La Goliardica, 1964. xvi, 130 pp.

612. HISTORIA de la vida del Buscón. Los sueños. Barcelona: Edit. Iberia, 1965. 374 pp. (Obras maestras).

TxHR.

613. VIDA del Buscón. Adaptación del texto original por A.J.M. Ilustraciones de F. Goico Aguirre. Madrid: Aguilar, 1967. 120 pp. (Colección el globo de colores).

NbU.

614. BLECUA, JOSÉ MANUEL, ed. Historia de la vida del Buscón, in Obras completas [de] Francisco de Quevedo. Edición, introducción, bibliografía y notas de . . . [2.ª ed.] Barcelona: Edit. Planeta [1968 c.1963] 5 vols.

MH, ViU.

615. LÁZARO CARRETER, F., ed. La vida del Buscón llamado Don Pablos. Edición, prólogo y notas por . . . Barcelona: Savat Editores con la colaboración de Alianza Editorial, 1969. 186 pp. (Biblioteca básica Salvat de libros RTV, 14)

ICU, IU, MH.

616. HISTORIA de la vida del Buscón, in Obras satíricas, picarescas, políticas, burlescas, filosóficas, ascéticas, críticoliteraria, poéticas. [Introducción y citas de Martín Alonso. Ilustraciones y viñeta de Goñi. Madrid: EDAF, 1970], 1482 pp. (Colección Obras Inmortales).

Reimpresión / Reprint: Madrid: EDAF, 1972.

InU, OrU, RPB.

617. HISTORIA de la vida del Buscón. Madrid: EDAF, 1970. 198 pp. (Biblioteca de Edaf, 55).

IaU.

Reimpresión / Reprint: Madrid: EDAF, 1973.

618. HISTORIA de la vida del Buscón, in Francisco de Quevedo y Villegas Obras Selectas; prólogo de Rosendo Llates; notas de J. Alcina Franch. 1.ª ed. Barcelona: Editorial Juventud, 1972. 981 pp. (Clásicos modernos)

IU, MH, ViU, WU.

619. LÁZARO CARRETER, F., ed. Vida del Buscón, llamado don Pablos. Prólogo y notas de . . . 2.ª edición. Madrid. C.S.I.C., 1973. 366 pp.

620. LA VIDA del Buscón llamado don Pablos. Textos fijado por Fernando Lázaro Carreter . . . Prólogo y notas de Juan Alcina Franch . . . Ilustraciones de Jaime Azpelicueta. 2.ª edición. Barcelona: Edit. Juventud, 1973. 287 pp. (Colección Libros de Bolsillo Z, no. 47)

DLC.

621. HISTORIA de la vida del Buscón llamado Pablos, ejemplo de vagamundos y espejo de tacaños; Los sueños por Francisco de Quevedo y Villegas. Barcelona: Columna, 1975. 368 pp. (Clásicos Columna: Literatura)

reimpresión / Reprint: Barcelona: Columna, 1976.

622. EL BUSCÓN. El entremetido y la dueña y el soplón. La hora de todos, y la fortuna con seso de Francisco de Quevedo. Madrid: Emiliano Escolar, 1975. 280 pp. (Cultura Clásica).

DLC.

623. EL BUSCÓN. Texto de Fernando Lázaro Carreter. Edición de Santiago de los Mozos. Madrid: Cátedra, 1975. 1 vol. (Col. Letras Hispánica)

624. HISTORIA del Buscón don Pablos. Adaptación de Teudiselo Chacón Berruga. Madrid: Sociedad General Española de Librería, D.C. 1976. 77 pp. (Colección Textos en Español Fácil)

DLC, MH.

625. LA VIDA del Buscón de Francisco de Quevedo y Villegas. Barcelona-Madrid: Ediciones Susaneta, 1976. 128 pp.

DLC.

626. HISTORIA de la vida del Buscón, in La vida de Lazarillo de Tormes y de sus fortunas y adversidades. Tarragona: Ediciones Tarraco, c. 1976. 1 vol.

627. FRANCISCO de Quevedo: La vida del Buscón llamado don Pablos. Edited by B. W. Ife, Birkbeck College. Oxford: Pergamon Press, 1977. 293 pp.

B) Traducciones / Translations

1. Alemanas / German

628. KOCK, HERBERT, tr. Leben des Erzgauners Pablo aus Segovia. Leipzig, 1956. 236 pp. (Sammlung Dieterich, Bd. 178)

2. Arabes / Arabic

629. FRANCISCO GÓMEZ DE QUEVEDO Y VILLEGAS. [Historia de la vida del Buscón: Sirat al-sha] 1950. 343 pp.

DLC.

3. Francesas / French

630. LAVIGNE, A. GERMOND DE, td. Histoire de don Pablo de Ségovie, surnommé l'aventurier Buscon (sic), par don Francisco de Quevedo Villegas. Tr. de l'espagnol (1596 sic) et annotée par A. Germon de Lavigne. Precedee d'une lettre de M. Charles Nodier . . . Paris, C. Waree, 1845. xxxi, 400 pp.

InU, ViU.

631. D'HERMILLY, RÉTIF DE LA BRETONNE ET., ...
Histoire d'un gran coquine nomme don Pablo, traduite de l'espagnol par ..., avec des eaux-fortes originales de Joseph Hémard. Paris: La Tradition, 50, rue des Entrepreneurs, 50 [1942].
217.
MH.

4. Inglesas / English

632. ALPERT, MICHAEL, tr. Two Spanish Picaresque Novels; translated by ... Harmondsworth: Penguin, 1969. 214 pp. (Penguin Classics L 211) Lazarillo de Tormes & The Swindler (El Buscon)
DLC, MU.

5. Italianas / Italian

633. VIAN, CESCO, tr. Narrazioni e fantasie satiriche. La vita del Buscón, Sogni e discorsi, L'ora di tutti. Milano: Edizioni per il Club del Libro, 1963. 520 pp. I"Club del Libro, 59 - Collana dei Grandi Narratori, 24").
MH.

634. GIANNINI, ALFREDO, tr. Francisco de Quevedo y Villegas, Vita del Pitocco. Traduzione di ... Torino: Fogola, 1967. 257 pp. [Seguido por L'azione dissolutiva della parola nel Buscón di Vittorio Bodini]

6. Portuguesas / Portuguese

635. HISTORIA jocosa do gran' tacanho . . . Paris: Pommeret e Moreau, impressores, 1849. 2 vols. in 1.

7. Suecas / Swedish

636. KIHLMAN, ERIK, tr. Lazarillo de Tormes och Pablos de Segovia. Tva skalmromaner. Overs, fran. spanskan av . . . Helsingfor: Schildt, 1923. 316 pp.

8. Rusas / Russian

637. IGNATOV, S. S., tr. Zhizn' Buskona. [Moscu y Leningrado, 1936]

C) Estudios / Studies

638. WATT, H. E. "Quevedo and his Works: with an Essay on the Picaresque Novel," in Pablo de Segovia, the Spanish Sharper. London: Printed by Unwin, 1892. xlii, 239 pp.

639. LAFFON, RAFAEL. "El tipismo en los clásicos: Los sevillanos en Quevedo," Alhambra 33 (1920), no. 531:267-69.

640. SÁNCHEZ ALONSO, B. "Los satíricos latinos y la sátira de Quevedo," RFE, 11 (1924):33-62.

641. TURNER, ALBERT M. "Another source for the Cloister and the Hearth," PMLA 40 (1925):898-909.

642. VOSSLER, KARL. Algunos caracteres de la cultura
española. Buenos Aires: Espasa-Calpe, 1942, pp.
67-85. Idem in his Realismus in der spanischen
Dichtung der Blütezeit, Südliche Romania. München
und Bern, 1940.

643. MONTERO BUSTAMANTE, R. "La tristeza del Buscón,"
in his La ciudad de los libros. Montevideo, 1944,
pp. 331-9.
IU, MH, ViU.

644. SEDZE, HENRI. "Des droits et des devoirs du tra-
ducteur (Sur une traduction du Buscon de Quevedo et
d'une Nouvelle exemplaire de Cervantes)," Iberia
(marzo 1948), p. 22.

645. CHEVALIER, MAXIME. "La première traduction française du Buscón," BFLS 33 (1954-55):208-19.

646. TIERNO GALVÁN, E. "Notas sobre el barroco," AUM
(1954-55):125-29.

647. SCHRAMM, E. "Die Einwirkung der spanische
Literatur auf die deutsche," in Deutsche Philogie im
Aufriss, ed. by Dr. Wolfgang Stammler, vol. 3.
[Berlin: E. Schmidt] 1955, p. 277.
Reimpresión / Reprint: Berlin: E. Schmidt,
1967, vol. 3, pp. 162-64.

648. GALVADA, ANTONIO C., ed. Pensamiento de Quevedo.
2.ª ed. Barcelona: Editorial Sintes [1956] 71
pp. (Colección Literatos y Pensadores, 6)
IU, MH, NNC.

649. SANZ, BIENVENIDO. "Comentario a la obra de Francisco de Quevedo, La vida del Buscón don Pablos," MIs (1956), no. 15:6.
650. BERUMEN, ALFREDO. "Un traductor de Quevedo." Abside 21 (1957):306-15.
651. RUBIO DÍEZ, LUIS J. "Estudios penales sobre el Buscón; Alonso Ramplón el verdugo," RGLJ 34 (1957), no. 6:745-62.
652. BERGUA, JOSÉ. "Prólogo," a su edición de Obras satíricas y Festivas. Madrid, 1958, pp. 1-30. Vol. II. Madrid, 1959.
653. RANDALL, DALE B. J. The Golden Tapestry: A Critical Survey of Non-Chivalric Spanish Fiction in English Translation (1543-1657). Durham, North Carolina: Duke University Press, 1963, vid. pp. 201-06.
654. GUTIÉRREZ, GIRARDOT, R. "El pícaro estóico," Eco 14 (1966-67):469-76.
655. BATAILLON, MARCEL. Défense et illustration du sens littéral. MHRA (1967), vid. pp. 21-31.
656. BELLINI, GIUSEPPE. "Quevedo in America: Juan del Valle y Caviedes," SLIA (1967), 1:129-45.
657. MC GRADY, DONALD. "Tesis, réplica y contrarreplica en el Lazarillo, el Guzmán y el Buscón," Filología 13 (1968-69):237-49.
658. FROHOCK, W. M. "The Failing Center: Recent Fiction and the Picaresque Tradition," Novel (1969), pp. 62-9.

659. HESSE, EVERETT W. "The Protean Changes in Quevedo's Buscón," KRQ 16 (1969):243-59.
660. PRIETO, A. "De un símbolo, un signo y un síntoma (Lázaro, Guzmán y Pablos)," Prohemio I (1970):357-95.
661. TALENS CARMONA, JENARO. "Para una lectura del Buscón de Quevedo I: La estructura narrativa," CdF (diciembre de 1971):83-97.
662. BLEZNICK, DONALD W. Quevedo. New York: Twayne Publishers, 1972. 192 pp. (TWAS 153).
   CU, CtY, ICU, IU, MH, MiU, MoU, NN, NNH, PU, ViU, WU.
663. CUTLER, CHARLES MANN, Jr. "Dom Francisco Manuel de Melo and Francisco de Quevedo: A Study in Literary Affinity." Diss. Ann Arbor, Michigan: Univ. of Michigan. DAI 33/05 (1972):2320A.
664. LIDA, RAIMUNDO. "Pablos de Segovia y su agudeza: Notas sobre la lengua del Buscón," HJC (1972), pp. 285-9.
665. AGÜERA, VICTORIO G. "Nueva interpretación del episodio 'Rey de gallos' del Buscón," Hispanófila (1973), no. 49:33-40.
666. ARANGO MONTAÑÉS, C. El zumbido de Quevedo. Palma de Mallorca: Mosen Alcover, 1973. 36 pp.
667. AYALA, FRANCISCO. "La batalla naval: El Buscón de Quevedo," in El comentario de textos: Literatura y sociedad, I veinte autores. Madrid: Edit. Castalia, 1973, pp. 79-87.

668. BAUM, DORIS. "Quevedo's Satiric Prologues," REH 8 (1973), no. 2:233-53.
669. CAVILAC, CÉCILE. "El pícaro amante de José Camerino et l'Aventurier Buscón de la Geneste: étude d'un cas de médiation littéraire," RLC 47 (1973), no. 3:399-411.
670. CAVILLAC, MICHEL Y CÉCILE. "A propos du Buscón et de Guzmán de Alfarache," BH 75 (1973), nos. 1-2:114-31.
671. HERNÁNDEZ, JOSÉ LUIS ALONSO. "Para una sintaxis del significado en El Buscón (El estatuto del objeto)," LLN (ler trimestre 1973), no. 204:1-30.
672. LÁZARO CARRETER, F. "Glosas críticas a Los pícaros en la literatura, Alexander A. Parker," HR 41 (1973):475-97.
673. LIDA, RAIMUNDO. "Otras notas al Buscón," HAR (1973), pp. 305-21.
674. REXACH, ROSARIO. "El hombre nuevo en la novela picaresca española," CHA 92 (1973), no. 275:371-4.
675. AGÜERA, VICTORIO G. "Dislocación de elementos picaresco en El Buscón," ELHH (1974), pp. 357-67.
676. BERGER, P. "L'action dans Buscón," LLN 68 (1974): 1-30.
677. CUTLER. Charles. "Melo and Quevedo's Views of Each Other's Writings in the Hospital das letras," AION-SR 16 (1974), no. 1:1-20.

678. JOHNSON, CARROLL B. "El Buscón: Don Pablos, Don Diego y Don Francisco," Hispanófila 17 (1974), no. 51:1-26.

679. LIDA, RAIMUNDO. "Tres notas al Buscón," ELHH (1974), pp. 457-69.

680. MALDONADO, FELIPE C. R. "Quevedo y sus caricaturas de la mujer," EL (1974), no. 538:10-11.

681. REDONDO, AGUSTÍN. "Del personaje de don Diego Coronel a una nueva interpretación de El Buscón." [Quinto congreso internacional de hispanistas, Bordeaux, 1974. (Ponencia leída el lunes, 2 de septiembre de 1974.)]

682. CROS, EDMUND. L'aristocrate et le carneval des gueux, études sur Le Buscón de Quevedo. Monpellier: Centre d'Etudes Sociocritiques, 1975. 140 pp. (Montpellier: Publications du Centre d'Études Sociocritiques U.E.R. II Université Paul Valery).

683. FORASTIERI BRASCHI, E. "El caso del Buscón (Reseña bibliográfica crítica)," ADL 13 (1975):165-87.

684. BJØRNSON, RICHARD. "Moral Blindness in Quevedo's El Buscón," RR 67 (1976):50-59.

685. BOYCE, ELIZABETH S. "Evidence of Moral Values Implicit in Quevedo's Buscón," FMLS 12 (Oct. 1976), no. 4:336-56.

686. CROS, EDMOND. "Approche sociocritique du Buscón," APE (1976), pp. 69-100.

687. FERRARI, AMÉRICO. "Sobre algunos aspectos de la sátira en Quevedo," Inti (1976), no. 4:22-31.
688. MARAVALL, JOSÉ A. "La aspiración social del medro en la novela picaresca," CHA (1976), no. 312:590-625.
689. MORO PINI, D. "La negra honrilla di Alonso Ramplón (Buscón I, &)," SIs 3 (1976), pp. 53-61.
690. CHORPENNING, JOSEPH F. "Classical Satire and La vida del Buscón," Neophilologus 61 (1977), no. 2:212-19.
691. CROS, EDMOND. "Foundation of a Sociocriticism. Methodological Proposal and an Application to the Case for the Buscón," I&L I (1977), no. 4:63-80.
692. DÍAZ-MIGOYO, G. "Anatomía del Buscón: Analisis de su estructura narrativa." Diss. New York University. DAI 37 (1977):5869A-70A.
693. GOYTISOLO, JUAN. Disidencias. Barcelona: Seix y Barral, 1977. 346 pp.
694. IFE, B., ed. Francisco de Quevedo: La vida del buscón llamado don Pablos. London: Birkbeck College, 1977. 293 pp.
695. WILLIAMSON, EDWIN. "The Conflict Between Author and Protagonist in Quevedo's Buscón," JHPh 2 (1977), nos. 1-2:45-60.
696. EBERSOLE, A. V. "El fenómeno de los juegos de palabras en el Buscón de Quevedo," Hispanófila (1978), no. 62:49-63.

697. EGIDO, AURORA. "Retablo carnavalesco del Buscón don Pablos," HR 46 (1978), no. 2:173-97.

698. DÍAZ MIGOYO, G. La estructura de la novela. Anatomía de El Buscón. Madrid: Fundamentos, 1978. 177 pp. (Espiral, 44: Ensayos).

699. IFFLAND, J. Quevedo and the Grotesque. London: Tamesis Books, 1978. 174 pp.

700. ZAHAREAS, ANTHONY N. "Quevedo's Buscón: and Ideology," HCB (1978):1055-1089.

701. REDONDO, AGUSTÍN. "Del personaje de don Diego Coronel a una nueva interpretación de El Buscón," in Actas del Quinto Congreso Internacional de Hispanistas (Agosto-Septiembre de 1974). Bordeaux. (En Prensa / In Press)

XVII. LA NIÑA DE LOS EMBUSTES,
TERESA DE MANZANARES (1632),
AVENTURAS DEL BACHILLER TRAPAZA (1637),
LA GARDUÑA DE SEVILLA (1637),
ENTREMESES
Por Alonso de Castillo Solórzano

A) Ediciones / Editions

1. La niña de los embustes. Teresa de Manzanares

A BIBLIOGRAPHY OF PICARESQUE LITERATURE 101

702. VALBUENA PRAT, ÁNGEL, ed. La niña de los embustes,
Teresa de Manzanares, natural de Madrid, in La
novela picaresca espanola. Madrid: Edit. Aguilar,
1946, 1956, 1962, 1966, 1973, 1974, 1975-76.
IU, MH, ViU, WU.

2. Aventuras del bachiller Trapaza.
703. VALBUENA PRAT, ÁNGEL, ed. Aventuras del bachiller
Trapaza, in La novela picaresca española. Madrid:
Edit. Aguilar, 1946, 1956, 1962, 1966, 1973, 1974,
1975-76.

3. La Garduña de Sevilla y Anzuelo de las bolsas, in
La novela picaresca española. Madrid: Edit.
Aguilar, 1946, 1956, 1962, 1966, 1973, 1975-76.

4. Entremeses
704. ALONSO CASTILLO SOLÓZANO: Entremeses [El barbador,
La castañera, La prueba de los doctores. Madrid:
Impr. Gráfica Amara, 1971. [22] 1. col. illus.
(De la vida picaresca, cartapacio 6)
DLC.

B) Estudios / Studies

705. CUNNINGHAM, MALCOMB A. "Castillo Solórzano: A
Reappraisal." Diss. New Orleans, Tulane
University, 1971. DAI 32 (1971):960A.

706. BERNADACH, MOÏSE. "Castillo Solórzano et ses fantaisies prosodiques (a propos d'une ingénieuse utilisation des romances)," RLR 80 (1972):149-75.

707. HAMBURGER, MICHAEL. "Die Wahrheit der Dichtung," LuK 62 (1972):463-64.

708. BERNADACH, MOISE. "Castillo Solórzano caracteristiques de l'oeuvre," LLN 67, 3 (1973), no. 206:1-17.

709. LONES, ROSEMARIE G. "Alonso de Castillo Solórzano's Novelas cortas: Meaning and Purpose." Diss. Norman, Oklahoma. Univ. of Oklahoma, 1974. DAI 36 (1975):322A.

710. SOONS, ALAN. Alonso de Castillo Solórzano. Boston: G. K. Hall & Co., 1978. 143 pp. (TWAS, 457).

XVIII. NOVELAS AMOROSAS Y EJEMPLARES (1635)
Por María de Zayas y Sotomayor

A) Ediciones / Editions

711. PRIMERAS, y segvnda parte de las Novelas amorosas, y examplares . . . [Madrid. 1748].
Contiene El castigo de la miseria
Cit. Brunet: Manuel du libraire et de l'amateur du livre . . . 5.ª ed. Paris [s. a. / n. d.], col. 1529.

712. NOVELAS exemplares y amorosas . . . primera, y segunda parte, corregidas, y enmendadas en esta última impressión. Barcelona: María Angela Martí, [s. f. / n. d.] (1773). 436 pp.

713. NOVELAS. Prólogo de Emilia Pardo Bazán. Madrid: A. Aurias, 1892. XVI + 224 pp. (Biblioteca de la Mujer, 13).

   IU, MH, WU.

714. MARTÍNEZ DEL PORTAL, M. Novelas completas [de] María de Zayas. Con un estudio preliminar y bibliografía seleccionada por . . . [1. ed.] Barcelona: Bruguera [1973] 669 pp. (Libro clásico, 117)

   IU, DLC, MH, WU.

B) Traducciones / Translations

   1. Francesas / French

715. LES NOVVELLES amovreveses et exemplaires, composées en Espagnol par cette merueille de son sexe, Dona María de Zayas y Sotto (sic) Maior . . . [Bruselas. 1711] 2 vols. Paris: Bibliothèque de l'Arsenal. 8BL.29538.

   2. Inglesas / English

716. STURROCK, JOHN, tr. María de Zayas y Sotomayor, A Shameful Revenge and Other Stories. London: The Folio Society, 1963. 200 pp. (Folio Society, London Publications)

   Reimpresión / Reprint: London, 1968.

C. Estudios / Studies

717. RADA Y DELGADO, JUAN DE DIOS DE LA. "María de Zayas." In: Mujeres celebres de España y Portugal. Tomo II. Barcelona, 1868, pp. 493-94.

   IU, MH.

718. GIMENO DE FLAQUER, C. "Dos escritoras realistas," AIA 16 (1898):394-96.

   [María de Zayas y Fernán Caballero]

719. JONES, FLORENCE NITHINGALE. Boccaccio and his Imitators in German, English, French, Spanish and Italian Literature; "the Decameron" [by] . . . Chicago: The University of Chicago Press, 1910. iv, 46 pp.

   CaBVaU, CU, MeB, MiU, NIC, OCl, OClU, ODW, OO, OOxM, OU, WaS.

720. NELKEN, MARGARITA. Las escritoras españolas. Barcelona: Edit. Labor, 1930. 235 pp.

   AAP, CaBVaU, CLSU, CSt, CU-S, DLC, MB, MiU, NcD, NIC, NN, OCl, OO, PBm, ViU.

721. LARA, MARÍA VICTORIA DE. "De escritoras españolas II," BSS 9 (1936): 31-37.

722. XIMENEZ DE SANDOVAL, F. "Doña María de Zayas y Sotomayor, una escritora fantasma," in: Varia historia de ilustres mujeres . . . Madrid, 1949, pp. 207-15.

   IU, MH.

723. SYLVANIA, LENA EVELYN V. Doña María de Zayas y
Sotomayor, a Contribution to the Study of her
Works, by . . . New York: AMS Press, 1966. ix,
52 pp. (Columbia University Studies in Romance
Philology and Literature, v. 31)
["Reprint of 1922 ed., issued as thesis,
Columbia University v. [28] of series, and also
without series statement."]

724. POLO GARCÍA, VICTORINO. "El romanticismo literario
de doña María de Zayas Sotomayor," AUM 26 (1967-
68):57-66.

725. ROBERTS, S. "María de Zayas, novelista cortesana."
[Thesis, University College, Cardiff, 1969]
Ref.: NRFH, no. 23-1989.

726. RODRÍGUEZ, JUAN A. "Técnicas literarias y
costumbrismo en la obra de María de Zayas y
Sotomayor." Diss. Los Angeles, University of
Southern California, 1972. DAI 33 (1972):234A
CLSU.

727. VASILESKI, IRMA V. "La creación novelística de
Doña María de Zayas y Sotomayor." Diss.
Tallahassee, Florida State University, 1972. DAI
33 (1972):2956A.

728. _____. María de Zayas y Sotomayor:
su época y su obra. Madrid: Plaza Mayor, 1972.
163 pp.

IU, MH, NN, PU, TxU, ViU, WU.

729. BARBERO, TERESA. "María de Zayas y Sotomayor, o la picaresca cortesana," EL (1 Nov. 1973), no. 527:24-25.

730. JOHNSON, CARROLL B. Matías de los Reyes and the Craft of Fiction. Berkeley-Los Angeles: University of California Press, 1973. 309 pp. (University of California Press. Modern Philology 101)

    IU, MH, ViU, WU.

731. STACKHOUSE, KENNETH A. "Narrative Roles and Style in the Novels of María de Sayas y Sotomayor." Diss. Gainsville, Florida. University of Florida, 1973. DAI 34 (1973):3432A.

    FU.

732. LEVISI, MARGARITA. "La crueldad en los Desengaños amorosos de María de Zayas," ELHH (1974), pp. 446-56.

733. CHARRÓN, GERMÁN. "María Zayas de Sotomayor: Novelista española del siglo XVII." Diss. Los Angeles, Cal. Univ. of California, Los Angeles, 1975. DAI 36/07 (1975):4535A.

734. KAHILUOTO RUDAT, EVA M. "Ilusión: El feminismo barroco de María de Zayas y Sotomayor," LF 1 (1975), no. 1:27-43.

735. FOA, SANDRA MARGHERITA. "Feminismo y forma narrativa: Estudio del tema y las técnicas de María de Zayas y Sotomayor." Diss. Princeton, New Jersey. Princeton University, 1975. DIA 37 (1976):1590A-91A.
    NjP.

736. _____. "Zayas y Timoneda: Elaboración de una patraña," RABM 79 (1976):835-49.

737. GRISWOLD, SUSAN CASS. "The Fictional Art of María de Zayas." Diss. Nashville, Tennessee. Vanderbilt University, 1976. DAI 36-07 (1976):4539A.

738. MCKAY, CAROL L. "María de Zayas: Feminist Awareness in Seventeenth-Century Spain," in SLL (1976), pp. 377-81.

739. MELLONI, ALESSANDRA. Il sistema narrativo di María de Zayas. Torino: Quaderni Ibero-Americani, 1976. 120 pp.

740. PÉREZ-ERDELYI, M. "La imagen de las mujeres en las novelas picaresco-cortesanas de María de Zayas y Sotomayor y Alonso Castillo Solórzano." Diss. New Brunswick, New Jersey. Rutgers University, 1977. DAI 38/05 (1977):2835A.

741. FOA, SANDRA MARGHERITA. "María de Zayas: Visión conflictiva y renuncia del mundo," CHA (1978), no. 331:128-35.

742. SPIEKER, JOSEPH B. "El feminismo como clave estructural en las 'novelle' de doña María de Zayas," ExTL 6 (1978), no. 2:153-60.
743. STAKCHOUSE, KENNETH A. "Verisimilitude and the Supernatural in the Novelas of María de Zayas y Sotomayor," Hispanófila (1978), no. 62:65-76.
744. WELLES, MARCIA L. "María de Zayas y Sotomayor and Her Novela cortesana: A Re-Evaluation," BHS 55 (1978):301-10.

XIX. EL DIABLO COJUELO (1641)
Por Luis Vélez de Guevara

A) Ediciones / Editions

745. EL DIABLO cojuelo, verdades soñadas y novelas de la otra vida traducidas a estas, añadido al fin con ocho Enigmas curiosos y dos novelas. Madrid: Imprenta de Ramón Ruis, 1797. v, 257 pp.
746. LE SAGE, ALAIN R. El bachiller de Salamanca o aventuras de don Querubín de la Ronda, El diablo cojuelo o El observador nocturno, seguidas de El diablo cojuelo, verdades soñadas y novelas de la otra vida traducidas a esta por Luis Vélez de Guevara. Paris: Baudry: Librería Europea, 1847. (Colección de los mejores autores españoles, t. XLI).
747. PALOMO VELÁZQUEZ, MARÍA DEL PILAR, ed. El diablo cojuelo. Barcelona: Edics. Marte, 1965. 188 pp. (Pliegos de Cordel)

748. EL DIABLO cojuelo. Madrid: Edics. Alcalá, 1968. 256 pp.

749. AMIEL, CHARLES. [El diablo cojuelo]. Paris [Annuaire 1967-68. École practique de hautes études, 1968]. Diss.

750. RODRÍGUEZ MARÍN, F., ed. El diablo cojuelo. Madrid: Espasa-Calpe, S.A., 1969. 227 pp. (Col. Clásicos castellanos, 38)

　　Reimpresión / Reprint: Madrid, 1973.

751. EL DIABLO cojuelo. Caracas: Instituto Nacional de Cultura y Bellas Artes, 1969. 111 pp. (Colección de grandes autores 3)

　　CSt.

752. FERRER, INMACULADA, ed. El diablo cojuelo. Edición y notas de . . . , prólogo de Francisco Rico. [Barcelona] Salvat con la colaboración de Alianza Editorial [c. 1970], 178 pp. (Biblioteca básica Salvat de libros RTV, 65)

753. EL DIABLO cojuelo. Madrid: Libra, S.A., 1970. 188 pp.

754. EL DIABLO cojuelo / L. Vélez de Guevara. La vida de Lazarillo de Tormes. Barcelona: R. Sopena,

755. EL DIABLO cojuelo. Zaragoza: Edit. Ebro, 1975. 128 pp. (Col. Clásicos Ebro)

756. RODRÍGUEZ, ALFREDO, ed. El diablo cojuelo. Edición, prólogo y notas de . . . Zaragoza, 1976. 136 pp.

B) Traducciones / Translations

   1. Rumanas / Rumanian

   757. ENESCU, THEODOR, tr. Diavolul schiop (El diablo cojuelo) Domnie dupa moarte (Reinas después de morir). Bucharest, Rumania, Editura Pentru Literartura Universala, 1968. 216 pp.

C) Estudios / Studies

   758. FERNÁNDEZ DE NAVARRETE, E. Novelistas posteriores a Cervantes con un bosquejo histórico sobre la novela española, Vol. XXXIII [de] of Biblioteca de autores españoles. Madrid: M. Rivadeneyra, 1854, pp. XCI-XCII.

   759. FOULCHÉ-DELBOSC, R. "Un fragment de tradución française du Diablo cojuelo," RH 6 (1899):200-203.

   760. BONILLA Y SAN MARTÍN, A. "Más 'diabluras.' Comentario y notas a unas 'Notas' y a unos 'Comentarios' sobre un Comentario y unas Notas," ALE (1904), pp. 193-200.

   761. NERCASSEAU Y MORÁN, E. "discurso," in Discursos leidos ante la Academia Chilena, correspondiente de la Real Academia Española en la recepción pública del señor don Enrique Nercasseau y Morán, el día 21 de noviembre de 1915. Santiago de Chile: Imprenta de San José, 1915, pp. 1-21.

   762. CASTRO, AMÉRICO. "Noruega, símbolo de la oscuridad," RFE 6 (1919):184-86.

763. HENDRIX, W. S. "Notes on Collections of Types, a Form of costumbrismo," HR 1 (1933):208-21.
764. GARCÍA BLANCO, M. "Cervantes y el Persiles: un aspecto de la difusión de esta novela," HCer II (1959), pp. 102-06.

[El Persiles, El diablo cojuelo, Tranco VI]

765. PROFETI, MARIA GRAZIA. "Note critiche sull'opera de Vélez de Guevara," MIS (1965), no. 10:47-174.
766. HOLTZ, UWE. Der hinkende Teufel von Guevara und Lesage: Eine Literatur und sozialkritische Studie. Wuppertal-Eiberfeld, Henn, 1970. 172 pp. DLC, ICU.
767. GONZÁLEZ, MANUEL J. "Lo guevariano en el Simplicius Simplicissimus," LdD 1 (1971), no. 2:83-101.
768. HAUER, MARY G. "Luis Vélez de Guevara: A Critical Bibliography." Diss. Baton Rouge, Louisiana State University, 1971. DAI 32 (1972):6929A-30A.
769. PEALE, CLIFFORD G. "Estructura y visión del mundo del Diablo cojuelo: Deslindes genéricos y específicos." Diss. Irvine, Univ. of California at Irvine, 1973. DAI 34 (1973):1209A.
770. KENT, JOHN P. "The Diable Boiteux in England: The Tonson Translation and the Fake Chapter," PBSA 68 (1974):53-631

771. HAUER, MARY G. Luis Vélez de Guevara: A Critical Bibliography. Chapel Hill, North Carolina, 1975. 183 pp. (North Carolina Studies in the Romance Languages and Literatures Texts, Textual Studies and Translations, no. 5) ICU, IU, MH, PU, TxU, ViU, WU.

772. RODRÍGUEZ CEPEDA, E. "Consideraciones sobre Vélez de Guevara," Mester 5 (1975):112-22.

773. _____. "El diablo cojuelo, novela de la tibetanización," Vortice 1 (1975), no. 3:35-43.

774. MALDONADO, FELIPE C. R. "Los sueños y El diablo cojuelo: Ecos y coincidencias," EL (1 julio 1976), no. 591:4-8.

775. PEALE, CLIFFORD G. "La metáfora y sintaxis satírico-reductivas en El diablo cojuelo," BH 98 (1976), nos. 1-2:1-33.

776. BJØRNSON, RICHARD. "Thematic Structure in El diablo cojuelo," Hispanófila (1977), no. 60:13-19.

777. NAGY, EDWARD. "El galeote de Lepanto de Luis Vélez de Guevara: La diversión en vez del escarmiento picaresco," BC 29 (1977):28-34.

778. PEALE, CLIFFORD G. La anatomía del "Diablo cojuelo": Deslindes del género anatomístico. Chapel Hill, North Carolina, 1977. 139 pp. (North Carolina Studies in Romance Languages and Literatures, 191).

XX. VIDA Y HECHOS DE ESTEBANILLO GONZÁLEZ,
HOMBRE DE BUEN HUMOR . . . (1646)

A) Ediciones / Editions

779. MALLORQUI FIGUEROLA, JOSÉ, ed. Vida y hechos de Estebanillo González, hombre de buen humor. Compuesta por el mesmo (sic) Edición, prólogo y notas de . . . Barcelona-Buenos Aires: Molino [1941], 1 vol.

780. LA VIDA y hechos de Estebanillo González, hombre de buen humor. Madrid: Espasa-Calpe, 1943. 266 pp. (Col. Austral, no. 396)

    3. ed. Madrid: Espasa-Calpe, 1968. 254 pp.

781. ESTEBANILLO González, hombre de buen humor. Su vida y hechos contados por el mismo. Prefacio de A[lfredo] A[lvarez] de la V[illa]. Paris: Viuda de C. Bouret, 1946. 272 pp. (Clasicos Bouret)

782. MILLE Y GIMENEZ, J. La vida y hechos de Estebanillo González, hombre de buen humor, compuesta (sic) por el mismo. Edición, prólogo y notas de . . . Madrid: Espasa-Calpe, 1946. 2 vols. (Col. Clásicos castellanos, [108]-[109])

    Reimpresión / Reprint: Madrid: Espasa-Calpe, 1956. 2 vols.

    CU-S, NBC, NRU.

783. JIMENEZ-LANDI, ANTONIO, ed. Vida y hechos de Estebanillo González, hombre de buen humor, compuesta por el mismo. Adaptación del texto original por A. J. M. Ilus. de Eduardo Santonja. Madrid: Aguilar, c. 1962. 109 pp. (Col. El Globo de colores)
    DLC.

784. LAZARILLO de Tormes. Vida y hechos de Estebanillo González . . . Barcelona: Maucci, 1962. 498 pp.

785. CARREIRA, ANTONIO; CID, JESUS A., ed. Vida y hechos de Estebanillo González. Edición, notas y comentarios de . . . Prólogo de Juan Goytisolo. Madrid: Narcea [1971], 556 pp. (Bitacora, 19)
    DLC.

786. VIDA y hechos de Estebanillo González. Madrid: Doncel, 1972. 294 pp. (Libro joven de bolsillo, 32)

787. LA VIDA y hechos de Estebanillo González Hombre de buen humor Compuesto por el mesmo. Edición introducción y notas de Nicholas Spadaccini y Anthony N. Zahareas. Madrid: Castalia, 1978. 2 vols.

B) Traducciones / Translations
   1. Italianas / Italian

788. GASPARETTI, ANTONIO, tr. <u>Vita</u> <u>ed</u> <u>imprese</u> <u>di</u>
<u>Stefanino González</u>, <u>uomo</u> <u>di</u> <u>buon</u> <u>umore</u>.
Traduzione, introduzione e note de . . . Palermo:
S. Ando e figli, 1939. 454 pp.

Roma: Nazionale. 241.G.295.

789. _____ _____ Milano:
Casa editrice Rizzoli, 1961. 368 pp.

790. STEFANELLO <u>González</u>, <u>uomo</u> <u>di</u> <u>buon-umore</u>.
Adattamento de Anna Curcio. Illustrazioni de S.
Sorgini. Padova: R.A.D.A.R., 1965. 1 vol. (Col
Primavera, 14)

C) <u>Estudios</u> / <u>Studies</u>

791. GOSSART, ERNEST. "Estevanille González. Un bouffon espagnol dans les Pays - Bas au XVIIe siècle,"
RdB 7(1893):135-57, 254-63; 8 (1894):43-55, 200-07.

792. PENZOL, PEDRO. "Algunos itinerarios en la literatura castellana," EIU 5 (1934):288-313.

793. JONES, WILLIS KNAPP. "A Tercentenary Pilgrimage,"
<u>Hispania</u> 29 (1946), no. 4:554-57.

794. GIL NOVALES, ALBERTO. "Un bufón antisemita," ACul
(dic. 1958), no. 2:8-10 [Idem: CHA (1959), no.
38:78-81.

795. FERNÁNDEZ, SERGIO. "El amor bestial," vid. <u>Ensayos</u>
<u>sobre</u> <u>literatura</u> <u>española</u> <u>de</u> <u>los</u> <u>siglos</u> <u>XVI</u> <u>y</u> <u>XVII</u>.
México, 1961, pp. 134-53.

796. GOYTISOLO, JUAN. "Estebanillo González, hombre de buen humor," RIb (agosto-septiembre 1966), no. 8:78-86 [Idem: El furgón de cola. Paris, 1967, pp. 59-67]

797. BOLAÑO E ISLA, AMANCIO. Estudio comparativo entre el Estebanillo González y el Periquillo Sarniento. Discurso [por] . . . Contestación [por] José Rojas Garcidueñas. 1. ed. México: Universidad Nacional Autónoma de México, 1971. 64 pp.
    DLC.

798. JAMÍN DE DEL PINO, J. "Italia y los italianos en Estebanillo González." Diss. Facultad de Letras de Aix-en Provence, 1971.

799. SPADACCINI, NICHOLAS. "Estebanillo González and the new Orientation of the Picaresque Novel." Diss. New York, New York University, 1972. DAI 33 (1972), p. 1181A.

800. STRAZLKOWA, MARIA. "La Pologne vue par Cervantes et par Estebanillo González," BH 74 (1972):128-37.

801. BATAILLON, MARCEL. "Estebanillo González, bouffon 'pour rire," SPEW (1973), pp. 25-44.

802. BJØRNSON, RICHARD. "Estabanillo González: The Clown's other Face," Hispania 60 (Sept. 1977), no. 3:435-42.

803. SPADACCINI, NICHOLAS. "History and Fiction: The Thirty Years' War in Estebanillo González," KRQ 24 (1977):373-87.

804. _____. "Estebanillo González and the Nature of the Picaresque 'Lives'," CL 30 (1978):209-22.

805. CID, JESUS A. "Composición condicionada y aprovechamiento de fórmulas en el Estebanillo González." Diss. Madrid: Univ. of Madrid, [s.a. - n.d.]

XXI. PERIQUILLO, EL DE LAS GALLINERAS (1668)
Por Francisco Santos

A) Ediciones / Editions

806. SAMPLER, ALFRED, ed. "A Critical Edition with Notes and Variants of Francisco Santos' Periquillo, el de las gallineras Together with a Study of Santos' Literary Art, its Relation to his other Works and to the Picaresque Genre in Spain." Diss. Bloomington, Indiana: Indiana University, 1974. DAI 35 (1975):4552A-53A.

    Ref.: LCCat. (1975), vol. 14, p. 139.

    InU.

B) Estudios / Studies

807. MARCOS, B. "Un pícaro 'al revés': Periquillo, el de las gallineras, de Francisco Santos," LdD (1973), no. 5:129-44.

808. RODRÍGUEZ-PUÉRTOLAS, J. "Francisco Santos y los mitos del casticismo hispano," SHHL 3 (1975), pp. 419-30.

809. SOBEJANO, GONZALO. "Un perfil de la picaresca: El pícaro hablador," SHHL 3 (1975), pp. 467-85.

810. GRON, PHYLLIS CZYZEWSKI. "Picaresque and Costumbrista Elements in the Prose Works of Francisco Santos." Diss. Urbana, Illinois: University of Illinois. DAI 36 (1976):6081A-82A.

811. _____. "Periquillo, el de las Gallineras: Another Descendent of El Licenciado Vidriera," RN 18 (1977), no. 2:211-13.

XXII. VIDA, ASCENDENCIA, NACIMIENTO, CRIANZA Y AVENTURAS DEL DOCTOR DON DIEGO DE TORRES Y VILLARROEL

(1743)

A) Ediciones / Editions

812. MERCADIER, G., ed. Vida, ascendencia, nacimiento, crianza y aventuras. Edición, introducción y notas de . . . Madrid: Castalia, 1972. 301 pp. (Clásicos Castalia, 47)

   IU, MH, WU.

813. MI VIDA y aventuras. Barca de Aqueronte. [Madrid] Círculo de Amigos de la Historia [1973], 301 pp. (Clásicos españoles, v. 27)

   DLC.

814. SUÁREZ GALBÁN, E., ed. La vida de Torres Villarroel. Madrid: Edit. Castalia, 1975. 176 pp. (Col. Estudios de hispanofila)

A BIBLIOGRAPHY OF PICARESQUE LITERATURE 119

B) Estudios / Studies

815. SUÁREZ DE RIBERA, FRANCISCO. Escuela médica. Madrid: Por Francisco Hierro, 1727. 10 1. 390 pp. 3 p.

816. MARISCAL Y CRUZ, JUAN A. Consejo amigables a Don Diego de Torres catedrático de mathematicas en la Universidad de Salamanca . . . Madrid: Impresso y por su original en Sevilla, en la Imprenta castellana y latina de D. López de Haro, [1728?]

 IU, CtY, ICU.

817. MANER, SALVADOR J. Repaso general de todos los escritos de . . . Torres Villarroel. Madrid: Juan Moya, 1728. 3 1. 74 pp.

818. MARTÍNEZ, MARTÍN. Encuentro de Martín con su rocín. Sevilla: M. Caballero, 1730? 6 pp. [1] p.

 IU, ICU.

819. ISLA, JOSÉ F. DE. Glosas interlineales . . . a las Posdatas de Torres in Colección de papeles crítico-apologéticos. Madrid: A. Espinosa, 1788. 2 Parts in 1 vol.

 CtY, MiU, MShM, OO.

820. GARCÍA BOIZA, ANTONIO. Don Diego de Torres Villarroel, ensayo biográfico por . . . Salamanca: Imprenta de Calatrava, 1911. 202, [2] p.

 DLC, FU, MH, NIC, PU.

821. _____. Nuevos datos sobre Torres Villarroel. La Fortuna de Don Diego Torres; Don Diego Torres primicerio de la Universidad de Salamanca. Salamanca: M. P. Criado, 1918. 23 pp. CU, MH.

822. HANNAY, DAVID. "A Pícaro Professor," B'sM 5 (July-Dec. 1930):256.

823. GOYENA, A. PÉREZ. "Estudios recientes sobre el doctor Torres Villarroel," RyF 35 (1931):194-211.

824. DI STEFANO, G. "Mito e realtà nell'autobiografia di Diego de Torres Villarroel," MIS 10 (1965):175-201.

825. DOWLING, JOHN C. "Sobre Diego de Torres Villarroel: Visiones y visitas de Torres con don Francisco de Quevedo por la Corte," HR 36 (1968):174-77.

826. MERCADIER, G. "Visiones y visitas de Torres con don Francisco de Quevedo por la Corte," BH 70 (1968):546-50.

827. SUÁREZ GALBÁN, E. "Voluntad antinovelesca, intensidad autobiográfica de la Vida de Torres Villarroel," La Torre (1971), nos. 73-74:27-74.

828. PESET REIG, M., PESET, J. L. "Un buen negocio de Torres Villarroel," CHA 93 (1973), no. 279:514-36.

829. POPE COSTA, RANDOLPH D. "La autobiografía española hasta Torres Villarroel." Diss. New York: Columbia University, 1972-73. DIA 34 (1973): 3427A-28A.

830. SUÁREZ, GALBÁN, E. "La Vida de Torres Villarroel y la autobiografía moderna. (De Villarroel a Rousseau)," NRFH 22 (1973):39-60.
831. _____. Torres Villarroel y los Yo empíricos de William James," RN 15 (1973):274-77.
832. _____. El valor autobiográfico de la Vida de Torres Villarroel," RevEH 3 (1973), nos. 1-2:43-54.
833. ILIE, PAUL. "Franklin and Villarroel: Social Consciousness in Two Autobiographies," ECS 7 (1974):321-42.
834. POPE COSTA, RANDOLPH D. La autobiografía española hasta Torres Villarroel. Bern: Francke Verlag, 1974. 301 pp. (Hispanistische Studien, 1)
835. KLEINHAUS, SABINE. Von der 'novela picaresca' zur bürgerlichen Autobiographie: Studien zur 'Vida' des Torres Villarroel. Meisenheim: Hain, 1975. 204 pp. (URP 9)
836. SEBOLD, RUSSELL P. Novela y autobiografía en la "Vida" de Torres Villarroel. Barcelona: Edit. Ariel, 1975. 200 pp. (Letras e Ideas, minor 5)
837. SUÁREZ GALBÁN, E. La "Vida de Torres Villarroel": Literatura antipicaresca, autobiografía burguesa. Madrid: Castalia, 1975. 176 pp. (Estudios de hispanófila)

838. MCCLELLAND, IVY LILLIAN. *Dieto de Torres y Villarroel*. Boston: Twayne Publishers, 1976. 162 pp.

   IU, MH, NNH, PU, TxU, WU.

839. MERCADIER, G. *Diego de Torres Villarroel. Masques et miroirs*. Lille: Atelier Reproduction des Thèse, Université de Lille III. Paris: H, Champion, 1976. 3 vols.

840. ──────────────. "Diego de Torres Villarroel aux prises avec l'Inquisition (1743)," MAJR I (1976):315-24.

841. SEBOLD, RUSSEL P. *Novela y autobiografía en la "Vida de Torres Villarroel."* Barcelona: Ariel, 1976. 204 pp.

842. SOONS, ALAN. "The Fiction of a Time of Dearth: *Historia de historias*," AION-SR 18 (1976), no. 1:145-50.

843. DÍAZ LARIOS, LUIS F. "Criba y claves de Torres Villarroel," CHA (1977), no. 319:148-52.

844. ETTINGHAUSEN, HENRY. "Torres Villarroel's Self-Portrait: The Mask behind the Mask," BHS 55 (1978):321-28.

845. MERCADIER, G. ed. *Diego de Torres Villarroel. Textos autobiográficos. Repertorio bibliográfico de Guy Mercadier*. Oviedo: Universidad de Oviedo, 1978. 208 pp. (Textos y Estudios del Siglo XVIII, 8).

A BIBLIOGRAPHY OF PICARESQUE LITERATURE 123

XXIII. MISCELÁNEA / MISCELLANY

A) Cervantes

1. Bibliografías / Bibliographies

846. SIMÓN DÍAZ, JOSÉ. Bibliografía de la literatura hispánica, t. VIII. Madrid: C.S.I.C., 1970. XV, 804 pp.

847. DRAKE, DANA B. Cervantes: A Critical Bibliography. Volume One: The "Novelas ejemplares". Blacksburg, Virginia: Polytechnic Institute, 1968. 146 pp.

848. DON QUIJOTE de la Mancha (Bibliografía fundamental) III Preparada por Luis Andrés Murillo. Madrid: Castalia, 1978. 141 pp.

2. Estudios / Studies

849. DORER, EDMUND. "Berganzas Lehr-und Wanderjahre," in Vermischte Aufsätze, Nachgelassene Schriften, T. III. Dresden: Ehrlemann, 1893, pp. 29-40.

850. BAHLSEN, LEOPOLD. Eine Komödie Fletchers, ihre spanische Quelle und de Schicksale jenes cervantesschen Novellensteffes in der Weltlitteratur. Berlin: R. Gaertners Verlagsbuchhandlung, 1894. 27 pp.

[El casamiento engañoso / Rule a Wife and have a Wife]

851. RAUSSE, HUBERT. "Das Eindringen von Cervantes Novelas Ejemplares in die deutsche Literatur," Gegenwart (13 dic. 1913), no. 50:793-95.

852. BURKHARD, OSCAR. "The Novelas ejemplares of Cervantes in Germany," MLN 32 (1917):401-05.
853. FRANK, RACHEL. "Deceit in Cervantes' Novelas ejemplares," HR 12 (1945):244-52.
854. RICORD, JULIO. "Aspectos sociológico de las Novelas ejemplares," RdU (1947), no. 27:113-27.
855. ALONSO CORTÉS, N. "El Mesón de Valdestillas," RByD 2 (1948):7-26.
856. SORDO, ENRIQUE. "Notas al margen. Realidad y ficción de las Novelas ejemplares," CdL 3 (1948): 271-83.
857. TERLINGEN, J. "Las Novelas ejemplares de Cervantes en la literatura neerlandesa del siglo XVII," RFE 32 (1948):189-205.
858. ──────────. "Une suite du Coloquio de los perros de Cervantes," Neophilologus 34 (1950):193-206.
859. PRAAG, J. A. VAN. "Quelques observations relatives a la suite du Coloquio de los perros de Cervantes," Neophilologus 35 (1951):15-16.
860. BELLAMY, MARY C. DIXON. "The Plot Techniques of Cervantes in the Novelas ejemplares." Diss. Chapel Hill, N.C.: University of North Carolina, 1952. 56 pp.
861. WALEY, PAMELA. "The Unity of the Casamiento engañoso and the Coloquio de los perros," BHS 34 (1957):201-12.

862. HANSEN, T. L. "Folk Narrative Motifs, Beliefs, and proverbs in Cervantes' Examplary Novels," JAF 72 (1959):24-29.

863. WOODWARD, L. J. "El casamiento engañoso y el Coloquio de los perros," BHS 36 (1959):80-87.

864. MEREGALLI, FRANCO. "Le Novelas ejemplares nello svolgimento della personalità di Cervantes," LM 10 (1960):334-51.

865. YNDURÁIN, DOMINGO. "Rinconete y Cortadillo. De entremés a novela," BRAE 46 (1966):321-33.

866. PIANCA, ALVIN H. "Huellas del Decamerón en las Novelas ejemplares," Horizontes (1967), no. 21:34-39.

867. VARELA, JOSÉ LUIS. "Sobre el realismo cervantino en Rinconete y Cortadillo," Atlántida 4 (1968): 434-39.

868. SELIG, KARL-LUDWIG. "The Interplay of Form and Point of View in El casamiento engañoso," in SIGS (1970), pp. 394-400.

869. ALFARO, GUSTAVO A. "Cervantes y la novela picaresca," AC 10 (1971):23-31.

870. ALCINA FRANCH, J. "Estudio preliminar y bibliografía," in J. Alcina Franch, ed. Novelas ejemplares. Barcelona: Brughera, 1972. 670 pp.

871. CABRERA, V. "Nuevos valores de El casamiento engañoso y El Coloquio de los perros," Hispanófila (1972), no. 45:45-58.

872. DUNN, P. N. "Las Novelas ejemplares," in Suma cervantina, ed. de J. B. Avalle - Arce y E. C. Riley. London, 1973, pp. 81-118.

873. SALINERO, FERNANDO G. "Dos arquetipos de la picaresca cervantina: El esportillero y el rufián," PNFL (May 4-5, 1973), pp. 115-18.

874. PORQUERAS MAYO, A.; LAURENTI, JOSEPH L. "Fondos raros cervantinos en la Universida de Illinois: Traducciones inglesas e italianas de los siglos XVII y XVIII," AC 13-14 (1974-75):137-58.

875. SOBEJANO, GONZALO. "El Coloquio de los perros en la picaresca y otros apuntes," HR 43 (1975), no. 1:25-41.

876. ABRAMS, FRED. "Cervantes' Berganza-Cipión Anagrams in El coloquio de los perros," Names 24 (Dec. 1976):325-26.

877. EL SAFFAR, RUTH S. Cervantes: A Critical Study of "El casamiento engañoso" and "El coloquio de los perros." London: Grant & Cutler, 1976. 91 pp.

878. RILEY, E. C. "Cervantes and the Cynics: El Licenciado Vidriera and El coloquio de los perros," BHS 53 (1976):189-99.

B) Jaume Roig

1. Bibliografías / Bibliographies

879. PALAU Y DULCET, A. Manual del librero hispanoamericano. Barcelona: Librería Palau, 1965, vol. 17, pp. 33-32.

A BIBLIOGRAPHY OF PICARESQUE LITERATURE

880. THE NATIONAL Union Catalog Pre-1956 Imprints.
 Mansell, 1973, vol. 501, pp. 537-8.

   2. Ediciones / Editions

881. LIBRE de cosells: fet per lo magnifich mestre
 Jaume roig, los quals son molt profitosos y saludables axi peral regiment y orde d'be viure com pa
 augmentar la d'uocio ala (sic) puritat y cocepcio
 dela sacratissima verge Maria. [First edition]
 [Valencia: Francisco Díaz Romano, 1531] cxxxx
 (i.e. cxxxix) numb. 1.
 London: British Museum, MH, NNH.

882. LIBRE Deles Dones, Mes Verament dit de consells
 profitosos y saludables, axi per al regiment y orde
 de la vida humana, co pera aumetar la deuocio de la
 inmaculada Concepcio de la sacratissima vege Maria,
 fet per lo magnifich mestre Iaume Roig. Ara
 nouament coregit y esmnat de moltes faltes, y de
 nou affegit la disputa, o process de viudes y
 donzelles: Fet per los Magnifichs mossen Iaume Siu
 rana generos, y mestre Lloys Ioan Valenti, doctor
 en Medicina, ab vna sentencia del honorable y
 discret Andreu Marti Pineda Notari. . . En
 Valencia. Per Joan de Arcos, a les espatles del
 studi beneral. 1561. 6, 130 1.
 London: British Museum.

883. LIBRE de cosells fet per lo magnifich mestre Iaume Roig, los quals son molt profitosos y saludables, axi pera regiment y orde de ben viure, co pera augmentar la deuocio ala puritat y concepcio dela sacratissima verge Maria. Estampat en Barcelona en casa de Iaume Cortey, 1561. 149 l.

Madrid: Biblioteca Nacional; Paris: Mazarin; Valencia: Biblioteca Pública.

884. LO LIBRE de les dones e de concells donats per Mosen Jaume Roig a son nebot en Blathasar Bou, Senyor de Callosa. Quarta impressio. Traula a nova llum Carlos Ros, notari apostolich, natural de esta molt Noble, Illustre, LL, y Coronada Ciutat de Valencia. Ab llicencia En Valencia, en casa de Josep Garcia Any M.DCC.XXXV. Se trobara en casa de Thomas Torres, Librer, carrer que va de la Plaza de Villarrasa al Collegi del Sr. Patriarcha, (1735). 284 pp.

ICN, MdBP, NNH, RPB.

885. LO LIBRE de les dones e de concells molt profitosos y saludables aixi pera regiment y ordre de ben viurer, com pera augmentar la devocio a la puritat de la Concepcio de la Sacratissima Verge Maria, pet per Jaume Roig y donat novament a llam segons la edicio de 1735 per Francesch Pelay Briz. Barcelona: Libreteria de Juan Roca y Bors, 1865. x, 196 pp.

ICN, MH, NNH, OCl, UU.

A BIBLIOGRAPHY OF PICARESQUE LITERATURE 129

886. . . . LLIBRE de les dones, o Spill. Text,
introducció, notes i glossari per Frandesc Almela i
Vives . . . Barcelona [Impremta Varias] 1928. 265
pp. (Els nostres classics [Col.-leccio A, XXI)
CaBVaU, CtY, CU-S, DLC, FTaSU, GU, ICN, ICU,
MdU, MH, NcU, NcD, OrU, OU, PU.

887. SPILL: o, Libre de Consells. Poema satirich del
segle XV. Ed. critica acompanyada d'una noticia,
notes y un repertori, per R. Miquel y Planas.
[Barcelona: Impr. Elzeviriana, 1929-50] 2 vols.
(548, 33 pp.) (Biblioteca catalana)
CU-S, DLC, IaU, IEN, KU, MH, MoU, OU, ViU, WU.

3. Traducciones / Translations

a. Castellanas / Castilian

888. EL ESPEJO. Poema valenciano del siglo xv, traducido al castellano y precedido de una introducción al "Libro del arcipreste de Talavera" y al "Espejo" de J. Roig, por R. Miquel Y Planas. Seguido de la traducción enédita en verso de L. Matheu y Sanz (1665). Barcelona: E. Orbis, Elzeviriana y Miguel Ruis, 1936-42. cxvi, 543 (i.e, 567) pp. (Clásicos españoles de lengua catalana)
CU, FU, ICU, IU, MH, MoU, MiU, NjP, PU, WU.

889. ESPEJO, o, Libro de consejos. Versión castellana en prosa, precedida de una introducción al Libro del Arcipreste de Talavera y al Espejo de J. Roig por R. Miquel y Planas. Barcelona: Impr. Casa Miquel-Rius, 1942. cxvi, 288 pp. (Clásicos españoles de lengua catalana) "Tirada especial de cien ejemplares N.o XI."

MiDW.

b. Francesas / French

890. TRADUCTION castiliane du "Libre de los dones." Chartes. 1885. 22 pp. (Bibliothèque École de Chartes, vol. 46, 1885, p. 108)

MdBP.

4. Estudios / Studies

891. CHABAS, ROQUE, ed. Spill o Libre de los dones per Mestre Jaime Roig. Edición crítica con las variantes de todas las publicadas y las del ms. de la Vaticana, prólogo, estudios y comentarios por . . . Barcelona: "L'Avenc", Ronda de l'Universitat, 20; Madrid: Librería de M. Murillo, Alcala, 1905. xix, 448 pp. (Biblioteca hispánica, XVIII)

CU, DLC, ICU, KU, MH, MoU, NNH, PBm, PU, WaU.

892. PONS, JOSEPH S. "Le Spill de Jaume Roig," BH 54 (1952), no. 1:5-14.

893. AGÜERA, VICTORIO G. "Jaume Roig y la tradición picaresca," KRQ 20 (1973), no. 3:279-89.

894. BOEHNE, PATRICIA J. "Spill: Solomon's encounter with the Picaresque," in Dream and Fantasy in 14th and 15th Century Catalan Prose. Barcelona: Edics. Hispam, 1974. 160 pp.

895. AGÜERA, VICTORIO G. Un pícaro catalan del siglo XV. (El Spill de Jaume Roig y la tradición picaresca española). Barcelona: Hispam, 1975. 90 pp.

    Contenido / Content: "El Spill y las teorías sobre el origen de la picaresca; La picaresca como una historia poética; La ficción del pícaro como un 'Examplum vitandum'; Elementos formales en el Spill: Autobiografía; Narración episódica del Spill; Orígenes del pícaro del Spill; Su educación picaresca; Forma proteica del relato; Degradación moral y conversión religiosa; Tesis de la obra; Elementos formales, carácter del pícaro y didactismo; El estilo moralizante; Las maqama-s árabes, hispano-árabes e hispano-hebreas y el Spill."

C) Miguel Ourvantzoff

896. OURVANTZOFF, MIGUEL. De la vida picaresca. Antología. Madrid, 1972. [2] l. 17 col. plates ("His De la vida picaresca.")

    "10 ejemplares numerados del 1 al 10. Contiene 17 dibujos originales. Ejemplar no. 5."

    DLC.

D) Gregorio González

897. CARRASCO, H. G., ed. El Guitón honofre (1604).
Edic. de . . . Madrid: Castalia, 1973. 260 pp.
(Estudios de Hispanófila, 259)
Rev. EL (15 junio 1974), no. 542:1753-54.

E) Gonzalo de Céspedes y Meneses

1. Ediciones / Editions

898. VARIA Fortvna Del Soldado Pindaro. Por don Gonçalo de Céspedes y Meneses vezino y natural de Madrid. Al Excelentissimo señor don Manuel Alonso Pérez de Guzmán el Bueno Duque de Medina Sidonia. Con todas las licencias necessarias, Lisboa. Por Geraldo de la Viña. 1626. 4 l. 188 l.
London: British Museum; Madrid: Biblioteca Nacional; NNH.

899. VARIA fortvna del soldado Pindaro. Por don Gonzalo de Céspedes y Meneses, vezino y natural de Madrid . . . Lisboa, V. Aluarez, 1640. 4 p. l., 253 (i.e. 251) numb. l. 1 l.
MiU, NNH.

900. VARIA fortvna del soldado Pindaro . . . Madrid: Melchor Sánchez. A costa de Mateo de la Bastida. 1661 4 p. l. 251 pp.
NNH.

901. FORTUNA varia del soldado Pindaro . . . Zaragoza: Por Pascual Bueno, 1695. 4 p. l. 251 l.
NNH.

902. FORTUNA varia del soldado Pindaro. En Zaragoça, por Pasqual Bueno, 1696. 4 p. 1. 251 1.

MH.

903. VARIA fortuna de el soldado Pindaro . . . Historias peregrinas y examplares, con el origen, fundamento y excelencias de España y ciudades donde sucedieron. Madrid: P. J. Alonso y Padilla, 1733. 236 1.

MH, NjP.

904. CASTELLÓ, VICENTE, ed. Fortuna varia del soldado Pindaro. Nueva edición de lujo, adornada con dibujos por D. F. Lameyer, y grabados por su editor . . . Madrid: Castelló, 1845. 176 pp. (Colección pintoresca de obras españolas)

MB.

905. ROSELL Y LÓPEZ, C., ed. Fortuna varia del soldado Pindaro. Madrid, 1851 (In Biblioteca de autores españoles. Vol. 18, pp. 273-375)

MB, MH, OO.

906. _____. Fortuna varia del soldado Pindaro. (In Novelistas posteriores a Cervantes, Madrid, 1964, vol. 1, pp. 273-375.)

Reimpresión / Reprint: Madrid, 1946 (Biblioteca de autores españoles, t. 18, pp. 274-375.)

ICU, MH, PU, WU.

907. PACHECO, ARSENIO, ed. Varia fortuna del soldado Pindaro. Madrid: Espasa-Calpe, 1975. 2 vols. (222, 239 pp.) (Clásicos castellanos, 202, 203) CU, DLC, ICU, IU, GU, KU, MoU, MH, MiU, NNH, PU, ViU, WU.

2. Estudios / Studies

908. MARTINHO DE AZEVEDO, L. Apologéticos discursos offrecidos a . . . D. Iuan IV . . . em defensa da fama . . . de Fernão d'Alburquerque . . . Contra o que delle escreueo D. G. de Céspedes na Chronica del Rei D. Phelippe quarto de Castella. Lisboa, 1641, 144 l.
Ref. José Simon Díaz, BLH, vol. VIII, no. 4013.

909. COTARELO Y MORI, E. "Prólogo," a la edición de las Historias peregrinas y ejemplares, Colección selecta de antiguas novelas españolas, II. Madrid: Lib. de la Vida de Rico, 1906, pp. I - LV.

910. OSMA, J. M. "Sobre un caso de amores de la novela Varia fortuna del soldado Pindaro," Hispania 7 (1924):368-76.

911. PLACE, EDWIN B. "Una nota sobre las fuentes españolas de Nicolás Lancelot," RFE 13 (1926):65-66.

912. CASTRO, AMÉRICO. "Actitudes frente al paisaje," in Santa Teresa y otros ensayos. Santander, 1929, pp. 265-78.

913. GONZÁLEZ DE AMEZUA Y MAYO, A. Formación y elementos de la novela cortesana, discurso leído ante la Real Academia Española. Madrid, 1929. 152 pp. [Idem in his Opúsculos históricos literarios. Madrid, 1951, pp. 194-279]

914. SIMÓN DÍAZ, JOSÉ. "Una carta de pesame de Céspedes y Meneses," in Aportación documental para la erudición española, Tercera serie (de hecho la cuarta), Suplemento no. 2 de la RByD 2 (1948), no. 5:6-7.

Ref. BLH 8 (1970), no. 4017.

915. JOVER, J. M. 1635. Historia de una polémica y semblanza de una generación. Madrid: C.S.I.C., 1949. 565 pp.

IU, MH, PU, ViU, WU.

916. SCUDIERI RUGGIERI, J. "Gonzalo de Céspedes y Meneses narratore," AUM 17 (1958-59):33-87.

917. MAYORDOMO DOLZ, J. L. "La obra literaria de Gonzalo de Céspedes y Meneses." Diss. Madrid: Universidad de Madrid, 1959.

Resumen / Abstract: RUM 9 (1969):910-11.

918. AGULLO Y COBO, M. "Datos para las biografías de escritores de los siglos XVI y XVII," AIEM 4 (1969):199-200.

919. FONQUERNE, Y. R. Vid. "Introducción," in Historias peregrinas y ejemplares. Madrid: Castalia, 1970. 422 pp.

F) Lazarillo de Badalona (1742)

920. ZWEZ, RICHARD E. Estudio y análisis de El Lazarillo de Badalona. Valencia: Albatros, Ed. 1974. 108 pp.

    IU, MH, WU.

G) Alonso Carrió de la Vandera

921. ADAM, M. "De lo barroco en el Perú: Concolorcorvo, Olavide y Valdés," MP 28 (1941):436-49.

922. RELACIONES historico-literarias de la América meridional: Relación general de la villa imperial de Potosí [por] Luis Capoche. Ed. y estudio preliminar por Lewis Hanke. El lazarillo de ciegos caminantes [sacado de las memorias que hizo don Antonio Carrió de la Vandera, por] Concolorcorvo [pseud.] Estudio preliminar de José J. Real Díaz; ed. de Juan Pérez de Tudela. Madrid: Ediciones Atlas, 1959. 411 pp. (Biblioteca de autores españoles, 122)

    AU, CFS, CLU, CU, DLC, FU, GU, ICN, ICU, InU, IU, LNHT, LU, MdBJ, MH, MiU, MWAC, NcD, NIC, NjP, MjR, PPiU, TxU, VtMiM.

923. BATAILLON, MARCEL. "Introducción a Concolorcorvo y a su intinerario de Buenos Aires a Lima," CA (julio - agosto 1960):197-210.

924. LEGUIZAMÓN, JULIO A. "Dos libros coloniales: Concolorcorvo y Araujo: I. El Lazarillo de ciegos caminantes; II. La guía de forasteros," in De cepa criolla. Buenos Aires: Edit. Solar [1961], pp. 181-90.

925. CARILLA, EMILIO. "Introducción al Lazarillo de ciegos caminantes," AAL 35 (1970), nos. 137-38: 203-24.

926. _____, ed. El Lazarillo de ciegos caminantes. Edición, prólogo y notas de Emilio Carilla. Barcelona: Edit. Labor, 1973. 473 pp.

927. _____. "Carrió de la Vandera y Quevedo," QIA (Dic.1975-Dic.1976), ciclo XII, nos. 47-48:329-35.

928. BUENO, SALVADOR. "El Lazarillo de diegos caminantes," CHA 104 (1976), no. 311:417-23.

929. CARILLA, EMILIO. El libro de los "Misterios" (El Lazarillo de ciegos caminantes). Madrid: Edit. Gredos, 1976. 190 pp. (Biblioteca Románica Hispánica. Estudios y Ensayos, 247)

H) Francisco Delicado

1. Bibliografías / Bibliographies

930. PALAU Y DULCET, A. Manual del librero hispanoamericano. Barcelona: Librería Palau, 1951, vol. 4, pp. 348-49.

931. DAMIANI, BRUNO M. "La Lozana Andaluza: Bibliografía crítica," BRAE 49 (1969):117-39.

932. THE NATIONAL Union Catalog. Mansell, 1971, vol. 138, pp. 116-17.

SIMÓN DÍAZ, JOSÉ. Bibliografía de la literatura hispánica. Madrid. C.S.I.C., 1971, vol. XX, pp. 296-99.

2. Estudios / Studies

933. GRAF, ARTURO. "Una cortigiana fra mille: Veronica Franco," in Attraverso il Cinquencento. Torino, 1888, pp. 217-355.

934. MANZELLA FRONTINI, G. La Lozana andaluza. Catania: V. Mungia, 1910. 101 pp.
    CtY, ICU, OCU.

935. REYES, ALFONSO. "La Garza Montesina," in Obras completas. Madrid, 1917, vol. 6, pp. 249-56; Idem. in Sur (marzo 1938), no. 42; Capítulos de literatura española. Méjico: Fondo de Cultura Económica, 1945, cap. II, pp. 89-99.

936. VERGARA, FERMIN. "Martos, a través de La Lozana andaluza," in Don Lope de Sosa 11 (1923), pp. 11-14.
    Ref.: BLH IX (1971), no. 2526.

937. GNOLI, DOMENICO. "La Lozana andaluza e le cortigiane nella Roma di Leon X," NA 7 (1931):165-96.

938. REAMY, MILTON GERARD. "El Retrato de La Lozana andaluza. Un estudio de costumbres y precursor de la novela picaresca." Tesis de maestría de la Universidad de México, 1946.

939. VILANOVA, ANTONIO. "Cervantes y La Lozana andaluza," Ínsula (mayo 1952), no. 77:5.
940. WARDROPPER, BRUCE W. "La novela como retrato: El arte de Francisco Delicado," NRFH 7 (1953):475-88.
941. MOCAS, CHRISTO THOMAS. "Aspectos lexicográficos de la Lozana andaluza." Diss. New Orleans, Louisiana. Tulane University, 1954.
942. BEBERFALL, LESTER. "Italian Influences on the Partitive Indefinite Construction in the Lozana andaluza," Italica 32 (1955):108-13.
943. ASENSIO, EUGENIO. "Juan de Valdés contra Delicado. Fondo de una polémica," HODA 1 (1960), pp. 101-13.
944. CRIADO DE VAL, MANUEL. "Antifrasis y contaminaciones de sentido erótico en La Lozana andaluza," HODA 1 (1960), pp. 431-57.
945. MC BRIDE, CHARLES. "A Study and Interpretation of Francisco Delicado's Retrato de la Lozana andaluza." Tesis de Maestría. New York, New York University, 1960.
946. HALDAS, GEORGES; HERRERA PETERE, J. eds. Vid. "Introduction" to Amadis de Gaula [and] La Gentile andalouse. Lousanne: Édits. Recontre, 1961. 508 pp. (Sommets de la littérature espagnole du XIIe au XIXe siècles, 2)

DLC, NjP.

947. GALLINA, ANNAMARIA. "L'attività editoriale di due spagnoli a Venezia nella prima metà del '500 (Francisco Delicado y Domingo de Gaztelu)," SIs 1 (1962), pp. 69-91.

948. RUSSO, MARIA TERESA. "Pozzo Bianco nella finzione letteraria e nella realtà," Urbe 24 (1962):21-24.

949. SERRANO PONCELA, S. "Aldonza la andaluza Lozana en Roma," CA 122 (1962):117-32.

950. REYES, ALFONSO. "Un enigma de la Lozana andaluza," SPhDA 3 (1963), pp. 151-54.

951. ALBERTI, RAFAEL. Teatro. Buenos Aires, 1964, "La Lozana andaluza," pp. 8-82.

952. BODINI, VITTORIA. "La Lozana andaluza," AUSB 10 (1965):5-11.

953. BEBERFALL, LESTER. "Some Italian Influences in Delicado's La Lozana andaluza," Hispania 49 (1966):828-30.

954. SALVADOR, MIGUEL NICASIO. "En torno al Retrato de La Lozana andaluza," EL (julio 1967), no. 373:12.

955. RUSSO, MARIA TERESA. "Una contrada di Roma sparita: Appunti di topografia," SdR 24 (1968):327-37.

956. BAGBY, ALBERT IAN, Jr. "La Lozana andaluza vista en su perspectiva donjuanesca," Hispanófila (1969), no. 35:19-25.

957. DAMIANI, BRUNO M. "Some observations on Delicado's El modo de adoperare el legno de India occidentale," QIA 5 (1969), no. 37:13-17.

958. PIKE, RUTH. "The Conversos in <u>La Lozana andaluza</u>," MLN 84 (1969):304-08.

959. BAGBY, ALBERT IAN, Jr. "La primera novela picaresca española," <u>La Torre</u> 18 (1970), no. 68:83-100.

960. DAMIANI, BRUNO M. "<u>La Lozana andaluza</u>: tradición literaria y sentido moral," ATCIH (1970), pp. 241-48.

961. _____. "Delicado and Aretino: Aspects of a Literary Profile," KRQ 17 (1970:309-24.

962. _____. "A Critical Transcription of <u>El modo de adoperare el legno de India occidentale</u>," RHM 36 (1970-71), no. 4:255-71.

963. HERNÁNDEZ, ORTIZ, JOSÉ ANTONIO. "La originalidad artística de <u>La Lozana andaluza</u>." Diss. New Haven, Connecticut. Yale University, 1971. DAI 32/5 (1971):2689A.

964. _____. "Francisco Delicado tratadista de medicina en la Roma del Renacimiento," <u>Tauta</u> 1 (1972):17-29.

965. DÍEZ BORQUE, JOSÉ MARÍA. "Francisco Delicado, autor y personaje de <u>La Lozana andaluza</u>," <u>Prohemio</u> 3 (1972):455-66.

966. DAMIANI, BRUNO M. "Un aspecto histórico de <u>La Lozana andaluza</u>," MLN 87 (1972):178-92.

967. MALDONADO DE GUEVARA, F. "<u>La Lozana andaluza</u> y el <u>Quijote</u>," AC 11 (1972):1-14.

968. ALLEGRA, GIOVANNI. "Breve nota acerca del 'Ilustre Señor' de la Lozana andaluza," BRAE 53 (1973):391-97.
969. FERRARA DE ORDUNA, L. "Algunas observaciones sobre La Lozana andaluza," Archivum 23 (1973):105-15.
970. MÁRQUEZ VILLANUEVA, F. "El mundo converso de La Lozana andaluza," ArH 56 (1973), nos. 171-73:87-97.
971. PAGLIALUNGA DE TUMA, M. "Erotismo y parodia social en La Lozana andaluza," in La idea del cuerpo en las letras españolas (Siglo XIII-XVII). Edit. by Dinko Cvitanovic Bahia Blanca: Cuadernos del Sur (1973), pp. 118-53.

    Ref. Bruno M. Damiani, no. 931.

972. DAMIANI, BRUNO M. "Picaresque Characteristics of Lozana," in his Francisco Delicado. New York: Twayne, 1974, pp. 92-103.

    Bibliography: pp. 143-47.

    Rev.: Dunn, Peter, BHS 48 (1971):158-59.

    Jones, Joseph, Hispania 54 (1971):968.

    Laurenti, Joseph L. ALM 13 (1974):344-45.

973. HERNÁNDEZ ORTIZ, JOSÉ A. La génesis artística de la "Lozana andaluza:" El realismo literario de Francisco Delicado. Pról. de Juan Goytisolo. Madrid: Aguilera, 1975. 211 pp.

    CU, ICN, ICU, FU, KU, MH, ViU, WU.

974. DUNN, PETER, N. "A Postscript to La Lozana andaluza: Life and Poetry," RF 88 (1976):355-60.

975. DOMÍNGUEZ, JOSÉ M. "La teoría literaria en la época de Franciso Delgado, c.1474-c.1536," ExTL 6 (1977), no. 1:93-6.
976. FOLEY, AUGUSTA ESPANTOSO. Delicado: "La Lozana andaluza." London, Grant & Cutler, 1977. 67 pp. IU, PU.

I) Antonio Enríquez Gómez.

1. Estudios / Studies

977. CID, JESÚS A. "Judaizantes y carreteros para un hombre de letras: Antonio Enríquez Gómez (1601-1663)," HCB (1978), pp. 271-300.
978. FEZ, C. DE. La estructura barroca de "El siglo pitagórico." Madrid: Cupsa, 1978. 170 pp.

XXIV. ADICIONES / ADDENDA

A) Generalidades / General

979. RODRÍGUEZ MARÍN, F. "Segunda parte de la vida del pícaro en que se trata de los nombres particulares que tienen entre sí," RABM 12 (1908), t. 17:60-61.
980. LA PÍCARA vanidad. Barcelona: R. Sopena [1918], 76 pp.
    (Biblioteca selecta, no. 21).
981. ROF CARBALLO, J. "Marañón y el pícaro," BSHM 5 (1965), no. 3.
982. EL PÍCARO glotón. Bilbao: Cantábrica, S.A., 1967. 10 pp.

983. CARRO CELADA, ESTEBÁN. Picaresca, milagrería y milandanzas en la Via lactea. Madrid: Prensa española, S.A., 1971. 233 pp.

984. ALFARO, GUSTAVO. La estructura de la novela picaresca. Bogotá: Instituto Caro y Cuervo, 1977. 143 pp.

985. CHRISTOPHER, EUSTIS J. "The Influence of the Picaresca Genre in the Modern Spanish Novel." Diss. Bloomington, Indiana. Indiana University, 1968.

986. RIGGAN, WILLIAM. "The Reformed Pícaro and his Narrative: A Study of the Autobiographical Accounts of Lucius Apuleius, Simplicius Simplicissimum, Lazarillo de Tormes, Guzmán de Alfarache, and Moll Flanders," in Orbis Litterarum 30 (1975):165-96.

987. FRANCIS, ALAN. Picaresca, decadencia, historia (Aproximación a una realidad histórica literaria). Madrid: Edit. Gredos, S.A., 1978. 230 pp. (Biblioteca Románica Hispánica, II. Estudios y Ensayos, 274).

B) Alonso de Castillo Solorzano

988. RUIZ MORCUENDE, F. "Prólogo" a La garduña de Sevilla. Madrid: Espasa-Calpe, 1942 ("Clásicos castellanos," 42), pp. vii-xxxii.

989. NEMTZOW, SARAH. "Alonso de Castillo Solórzano. An Analysis of his Novelistic Production." Diss. Los Angeles, University of California, 1952.
990. SIMÓN DÍAZ, J. "Textos dispersos de clásicos españoles. III. Castillo Solórzano," RdL 16 (1959):31-32 - 154-69.

C) Miguel de Cervantes

991. SALILLAS, RAFAEL. "La criminalidad y la penalidad en el Quijote," in El Ateneo de Madrid en el III centenario de la publicación de "El Ingenioso Hidalgo." Conferencias . . . Madrid: Imprenta de Bernardo Rodríguez, 1905, pp. 85-118.
992. RODRÍGUEZ, MARÍN, F. "El capítulo de los galeotes," in Estudios cervantinos por Francisco Rodríguez Marín. Madrid: PCCC, Ediciones Atlas, 1947, pp. 139-52.
993. GHIANO, JUAN C. "Actitudes humanas y literarias: Alemán y Cervantes," CA (1949), no. 6:189-211.
994. ACHLEITNER, ALOIS. "Pasamonte," AC 2 (1952):365-67..
995. BROWNE, JAMES R. "Cervantes and galeotes Episode," Hispania 41 (1958), no. 4:460-64.
996. _____. "Recognition and the galeotes Episode," Hispania 42 (1959), no. 1:42-45.
997. CASTRO, AMÉRICO. De la edad conflictiva. Madrid: Taurus, 1961, pp. 171-2, 218-25 et passim.

998. SOONS, ALAN. "An Interpretation of the Form of El casamiento engañoso y coloquio de los perros," AC 9 (1961-2):203-12.

999. BERNADETE, M. J. "Los galeotes (I.22, 23, 25, 29)," RHM, Homenaje a Ángel del Río, 31 (1965):57-70.

1000. CASTRO, AMÉRICO. "Cervantes y el Quijote a nueva luz," in his Cervantes y los casticismos españoles. Madrid-Barcelona: Alfaguara, 1966-67, pp. 1-183.

1001. MOLHO, MAURICE. "Remarques sur le Mariage trompeur et Colloque des chiens," in Le Mariage trompeur et Colloque des chiens. Traduit par Maurice Molho. Paris, 1970, pp. 11-95.

XXV. REFERENCIAS BIBLIOGRÁFICAS / BIBLIOGRAPHICAL REFERENCES

1002. SCHNEIDER, ADAMS. Spaniens Anteil an der deutschen Literatur des 16. und 17. Jahrhunderts. Strassburg, 1898, pp. 205-22.

CtY, DLC, IU, ViU, WU.

1003. PALAU Y DULCET, A. Manual del librero hispanoamericano; inventario bibliográfico de la producción científica y literaria de España y de la América . . . 2.ª ed. Barcelona: Librería Palau, 1948-1977. 28 vols.

1004. THE NATIONAL Union Catalog Pre-1956 Imprints. Mansell, 1958-1980. 684 vols.

1005. "PICARESQUE," in Comprehensive Dissertation Index 1861-1972. Ann Arbor, Michigan, 1973, vol. 30 (M-Z), p. 242.

1006. RUDDER, ROBERT S. The Literature of Spain in English Translation. A Bibliography. New York: Frederick Ungar Publishing Co., 1975. 1 vol.

1007. 1973-1978. MLA International Bibliography of Books and Articles on the Modern Languages and Literatures, vol. II. New York: The Modern Language Association of America, 1975-1979.

1008. CROSBY, JAMES O. Guía bibliográfica para el estudio crítico de Quevedo. London: Grant & Catler, 1976. 136 pp. (Research Bibl. & Checklist, 13).

1009. LAURENTI, JOSEPH L. and PORQUERAS-MAYO, ALBERTO. The Spanish Golden Age (1472-1700) A Catalog of Rare Books in the library of the University of Illinois and in Selected North American Libraries. Boston: G. K. Hall, & Co., 1979. XXXvi, 573.
    CU, IaU, ICU, INS, IU, MH, NjP, WU.

ÍNDICE ONOMÁSTICO / INDEX OF NAMES

Abonaf, Sylvani, 506
Abrams, Fred, 398, 876
Abu-Aidar, Jareer, 173
Achleitner, Alois, 994
Adam, N., 210, 921
Adams, Georgia, 128
Adrados, Francisco R., 430
Agüera, Victorio G., 514, 529, 665, 675, 893, 895
Aguilar Piñal, F., 300, 321
Agulló Y Cobo, M., 918
Alba, Pedro de, 207
Alberes, R. M., 39
Albertinum, Aegidium, 499-500
Alberti, Rafael, 951
Alcina, Juan, 606
Alcina Franch, J., 473, 870
Alegría, Ciro, 463
Alemán, Mateo, 498, 501-502
Alewyn, Richard, 143

Alfaro, Gustavo A., 869, 984
Allegra, Giovanni, 968
Allen, Michael, 273
Alonso Cortés, N., 855
Alonso Hernández, Jose L., 590
Alpert, Michael, 632
Álvarez Fernández-Canedo, J., 8
Amado, Jorge, 287
Amiel, Charles, 749
Anderson Imbert, E., 200
Antón Solé, Pablo, 33
Antonio, Nicolás, 551
Arango Montañés, C., 666
Arendt, Dieter, 84
Arévalo Makry, Rodolfo, 65
Arias, Joan, 533, 540
Armendariz, Angelo, 176
Asensio, Eugenio, 368, 400, 943

A BIBLIOGRAPHY OF PICARESQUE LITERATURE

Aubrun, Charles V., 40, 45, 52, 57-58, 374, 465
Auge, Lozaya, 303
Avalle-Arce, J.B., 417
Ayala, Francisco, 59, 667
Aydelotte, Frank, 248

Baader, Horst, 129, 197, 365, 483
Bagby, Albert Ian, Jr., 956, 959
Bahner, W., 53
Bahlsen, Leopold, 850
Barbero, Teresa, 729
Bareau, Michael, 592
Barton, Erika R., 159
Bataillon, Marcel, 522, 553, 655, 801, 923
Baum, Doris, 668
Beberfall, Lester, 942, 953
Beer, Johann, 143
Belič, Oldřich, 34, 46
Bell, A., 402
Bell, Aubrey F. G., 349
Bellamy, Mary C. Dixon, 860
Bellini, Guiseppe, 611, 656
Bellow, Saul, 271
Bensoussan, A., 47

Berger, P. 676
Bergau, Jose, 652
Bermejo, Jose M., 71
Bernadach, Moise, 706, 708
Bernadete, M. J., 999
Bershas, H. N., 366
Bertini, Giovanni Maria, 17
Berumen, Alfredo, 650
Bismut, Roger, 192
Bjørnson, Richard, 118, 452, 523, 582, 684, 776, 802
Blanquat, Josette, 401
Blecua, Alberto, 60, 324, 392
Blecua, José Manuel, 614
Bleiberg, German, 507
Bleznick, Donald W., 662
Bodini, Vittorio, 359, 952
Boehne, Patricia J., 894
Bolaño e Isla, A., 492, 797
Bomli, P. W., 26
Bonilla y San Martín, A., 760
Boroff, David, 271

Bouchard, Adelin, 28
Boyce, Elizabeth S., 685
Bramsted, Ernest K., 146
Brancaforte, Benito, 360
Brancaforte, Charlotte Lang, 360
Bredero, G. A., 335
Browne, James R., 995-996
Brownstein, Leonard, 568
Brun, Felix, 48
Buckley, Jerome, 266
Buendía, Felicidad, 607
Bueno, Salvador, 928
Burkhard, Oscar, 852
Burón, Antonia, 69
Burton, Edward, 138

Cabrera, V., 871
Calderón de la Barca, P., 63
Camporesi, Pietro, 403
Campos, A., 295
Cañizares, José, 596
Carballo Picazo, A., 588
Carell, Tulio, 227
Carilla, Emilio, 221, 232, 238, 925-929
Carrasco, H. G., 897
Carreira, Antonio, 785

Carro Celada, Esteban, 983
Carson, Katherine W., 190
Casalduero, Joaquín, 404
Casanova, Giacomo, 276
Casa de Faunce, M., 242
Caso González, J. M., 383, 388
Castelló, Vincente, 904
Castiglione, Baldassare, 448
Castillo Solórzano, A., 704
Castro, Américo, 77, 299, 369, 600, 762, 912, 997, 1000
Castro, Carmen, 305, 332
Caus, Francisco A., 565-566, 569
Cavillac, Cécil, 669
Cavillac, M., 130
Cavillac, Michel y Cécile, 524, 670
Cela, Camilo José, 14, 85
Cervantes Saavedra, Migues, 17
Céspedes y Meneses, Gonzalo de, 898-903

A BIBLIOGRAPHY OF PICARESQUE LITERATURE

Cid, Jesús A., 785, 805, 977
Clavería, C., 517
Collet-Sedola, S., 486
Concha, Victor G. de la, 389
Conte Lacave, A., 33
Correa, Gustavo, 120, 181
Cortés, Carmen M., 384
Cortina Gómez, R., 444
Coster, Charles de, 50
Cotarelo y Mori, E., 909
Craddock, Jerry R., 18
Criado, Elsa, 330
Criado de Rodríguez Puértolas, C., 341
Criado de Val, Manuel, 944
Cros, Edmond, 431, 453, 512, 682, 686, 961
Crosby, James O., 1008
Crozier, Robert D., 272
Crutchfield, Richard D., 132
Cruz, Salvador, 224
Culkov, Michail Dmitrijevic, 291
Cunningham, Malcomb A., 705
Curzon, Daniel, 275
Cusati, Maria Luisa, 283

Cutler, Charles, 677
Cutler, Charles Mann, Jr., 663

Chabas, Roque, 891
Chamberlain, Bobby John, 286-287
Chamorro Fernández, M. I., 487
Charrón, Germán, 733
Charters, Duncan, 131
Chartham, Robert, 276
Chevalier, Maxime, 107, 418, 525, 645
Childers, J. Wesley, 119
Chorpenning, Joseph F., 690
Christopher, Eustis, 985
Damiani, Bruno M., 557-559, 931, 957, 960-962, 966, 971-972
Darbord, Michel, 432
Davey, E. R., 445
Davis, Barbara S., 518, 534
Davis, Jack E., 217
Dehennin, Elsa, 54
Delacour, F., 405

De Long-Tonelli, B., 433
Deyermond, A. D., 419
D'Hermilly, Retif de la
   Bretonne et, 631
Díaz Larios, Luis F., 843
Díaz-Migoyo, G., 692, 698
Díaz-Plaja, G., 21, 37, 317
Díaz Valcarcel, M. Teresa, 310
Diederichs, Reiner, 156
Díez Borque, Jose Maria, 965
Di Stefano, G., 824
Domínguez, Jose M., 975
Donoso, Ricardo, 206
Do Prado Coelho, Jacinto, 281
Dorer, Edmund, 849
Dowling, John C., 825
Drake, Dana B., 847
Dueck, Jack, 86
Dunn, P. N., 872, 974
Durán, Armando, 108, 434

Ebersole, A. V., 696
Egido, Aurora, 697
El Saffar, Ruth S., 877
Enescu, Theodor, 757
Entrambasaguas, Joaquin de, 406
Espinosa, Ciro, 504

Esteban, C., 49
Ettinghausen, Henry, 844

Fabbiani Ruiz, J., 575
Fabregas, Javier, 6
Fazziola, Peter-Joseph, 195
Feldman, Joel I., 87, 513
Feliu Cruz, G., 202
Fernández, Angel
   Raimundo, 515
Fernández, Sergio, 795
Fernández de Navarrete,
   E., 758
Fernández-Rubio, R., 412
Ferrara de Orduna, L., 969
Ferraresi, Alicia C. De., 385
Ferrari, Américo, 687
Ferrer, Inmaculada, 752
Ferreras, Jean I., 109
Ferri, Enrique, 23
Fez, C. de, 978
Fiore, Robert L., 435
Fishbach, JeanPierre, 160
Flores, Angel, 351
Foa, Sandra Margherita, 735-736, 741

Foley, Augusta Espantoso, 976
Folkenflik, Vivian, 526
Fonquerne, Y. R., 919
Fontes, Manuel da Costa, 282
Forastieri Braschi, E., 683
Foulché-Delbosc, R., 759
Fox, J. H., 193
Fradejas Sánchez, L., 35
Francis, Alan, 121, 485, 539, 987
Frank, Rachel, 853
Frenk Alatorre, M., 420
Fretzel Beyme de Testoni, S., 527
Freudmann, F. R., 187
Frohock, W. M., 41, 658
Fucilla, Joseph, 577

Gabrielli, Aldo, 353
Gallina, Annamaria, 947
Galvada, Antonio C., 648
Gálvez-Canero, Augusto, 43
García, E. Rosalinda, 72
García Angulo, E., 376
García Blanco, M., 764
García Boiza, Antonio, 820-821
García López, Jose, 3
García Lorca, F., 421
García Mercadal, J., 88
García de Paredes, F., 231
Gasparetti, Antonio, 357, 788-789
Gatti, Jose F., 373
Gemmet, Robert J., 180
Gerber, Philip L., 180
Ghiano, Juan C., 993
Giannini, Alfredo, 634
Gide, André, 50
Gil Novales, Alberto, 794
Gili Gaya, S., 495-496, 605
Gimeno de Flaquer, C., 718
Giraud, Raymond, 186
Glass, Elliot S., 291
Gnoli, Domenico, 937
Godoy Gallardo, E., 436
Göller, Karl Heinz, 264
Gómez Menor Fuentes, J., 407
González, Manuel J., 767
González de Amezua y Mayo, A., 913

González Cruz, L. F., 233
González Lanuza, E., 213, 225
González Palencia, A., 298
Goñi, Lorenzo, 10
Gossart, Ernest, 791
Gostautas, Stasys, 243
Goyena, A. Pérez, 823
Goytisolo, Juan, 693, 796
Grace, William J., 251
Graf, Arturo, 933
Granja, F. de la, 386
Grippen, Diana, 541
Grisbach, Eduard Rudolf, 470
Griswold, Susan Cass, 737
Gron, Phyllis Czyzewski, 810-811
Gubern, Roman, 55
Guillén, Claudio, 61-62
Gullón, Ricardo, 422
Gutiérrez Girardot, R., 654
Gutiérrez Palacio, J., 300-301

Haldas, Georges, 946
Hamburger, Michael, 707
Hannay, David, 822
Hansen, T. L., 862
Harkness, Bruce, 255
Hassan, Ihab Habib, 269
Hauer, Mary G., 768
Hauser, Arnold, 148
Hatzfeld, Helmut, 535
Head, Richard, 249
Heathcote, A. Antony, 584
Heinz, H., 185
Hendrix, W. S., 763
Henry, Ines Dolz, 585
Hernandez, Jesús H., 277
Hernández, José Luis Alonso, 671
Hernández Ortiz, José Antonio, 963-964, 973
Herraiz de Tresca, T., 408
Herrero, Javier, 454-455
Hesse, Everett W., 299, 423, 446, 659
Hiatt, L. R., 276
Hibbett, Howard, 288
Hilder, David J., 133
Hoffmeister, Gerhart, 168
Holtz, Uwe, 766
Holzinger, Walter, 390
Horozco, Sebastián de, 407
Hughes, Gethin, 447
Hunter, Alfred C., 505

Hurtado de Mendoza, Diego,
  325-327, 338, 398,
  468-469, 471
Hyde, James F., 144
Ibáñez C., Javier, 538
Ife, B., 694
Iffland, J., 699
Ignativ, S. S., 637
Ilie, Paul, 833
Irving, Thomas B., 218
Isasi, Angulo A., 314
Isla, José F. de, 819

Jamín de del Pino, J., 798
Jauretch, Arturo, 228
Jauss, Hans R., 149
Jiménez, A., 234
Jiménez-Landi, Antonio, 783
Johnson, Carroll B., 519,
  544, 678, 730
Joly, R., 188
Jones, Florence Nithingale,
  719
Jones, J. A., 531
Jones, Joseph, 556
Jones, Willis Knapp, 793
Jover, J. M., 915
Juene, Simon, 196

Juez, Justo, 463

Kahiluoto Rudat, Eva M.,
  734
Kaufmann, Hans, 153
Kearful, F. J., 261
Kennedy, Hugh W., 437
Kent, John P., 770
Kerenyi, Karl, 142
Kihlman, Erik, 636
Kirkman, Francis, 249
Kleinhaus, Sabine, 835
Koch, Herbert, 628
Kollmann, Wilhelm, 247
Kobner, Theodore, 157
Kohn, Lothar, 154

Lafarga, Gaston, 208
Laffon, Rafael, 639
La Grone, Gregory C., 561
Lara, María Victoria de,
  721
Larra, Raul, 219
Larraz, José J., 230
Lauerhass, Frances H.,
  520

Laurenti, Joseph L., 2, 89, 119, 296, 476, 542, 579, 874, 1009

Lavigne, A. Germond de, 630

Lázaro, Carlos, 214

Lázaro Carreter, F., 56, 73, 391-392, 615, 619-620, 623, 672

Leal, Luis, 235

Leetch, Beverly C., 570

Le Gentil, Georges, 280

Leguizamón, Julio A., 220, 924

Leite, Solidonio, 278

Le Sage, Alain R., 746

Levisi, Margarita, 732

Lewis, Richard W. B., 31, 270

Lida, Raimundo, 664, 673, 679

Lida de Malkeil, Maria R., 438

Lind, Georg R., 284

Little, T. E., 290

Llorente, J. A., 182-184

Lomax, Derek W., 409

Lones, Rosemarie G., 709

Longhurst, Jennifer, 193

Lope Blanch, Juan M., 608

Luna, Juan de, 338, 472-476, 485-486

McBride, Charles, 945

McClelland, Ivy Lillian, 838

McCormick, John, 254

McDermet, Doirean, 259

McGrady, Donald, 510, 657

McKay, Carol L., 738

McKendrick, Melveena, 229

Magnarelli, Sharon, 236

Maldonado, F. C. R., 413, 680, 774

Maldonado de Guevara, F., 22, 967

Mallorqui Figuerola, Jose, 779

Mancing, Howard, 424-425, 439

Mancini, Guido, 516

Mann, Heinrich, 50

Mann, Thomas, 50

Manzella Frontini, G., 934

Maner, Salvador J., 817

Marañón, Gregorio, 42, 318

Maravall, José Antonio,
    32, 110, 122, 688
Marcos, B., 807
Marías, Julián, 10
Marín Morales, J. A., 414
Mariscal y Cruz, Juan A.,
    816
Márquez Villanueva, F.,
    970
Martine, Martin, 818
Martínez Martínez, T., 29
Martínez del Portal, M., 714
Martinho de Azevedo, L., 908
Martins, M., 393
Martz, Linda, 415
Massano, Guilio, 591
Massiani, Felipe, 25, 212
Matore, G., 465
Mayordomo Dolz, J. L., 917
Mazzocco, Angelo, 448
Melloni, Alessandra, 564, 739
Mercadier, G., 812, 826, 839,
    840, 845
Meregalli, Franco, 864
Merker, Paul, 171
Mihai, Virgil, 169
Miles, David H., 161, 164,
    166

Millé y Giménez, J., 782
Mocas, Christo Thomas, 941
Molho, Maurice, 43, 100
Molina, Maria Isabel, 309
Molino, Jean, 134, 198
Montero Bustamante, R., 643
Monteser, Frederick, 100
Montoro, Adrian G., 583
Moore, Roger, 457
Moravia, Alberto, 177
Morby, Edwin S., 209
Moro Pini, D., 689
Morris, Charles, 345
Mortier, Roland, 265
Münz, Rudolf, 155

Nagy, Edward, 44, 63, 90,
    177
Needham, Francis, 250
Nelken, Margarita, 720
Nemtzow, Sarah, 989
Nercasseau y Morán, E.,
    761
Nerlich, Manfred, 50
Neufeld, Evelyn, 64
Newcastle, William, 250
Niklaus, Robert, 193
Norval, M. N., 530

Novak, Maximillian E., 74

Oakley, R. J., 521
Onieva, Antonia J., 91
Onrubia de Mendoza, José, 494
Ortiz, Geraldine, 30
Osma, J. M., 910
Osoria Rodríguez, José María, 11
Ourvantzoff, Miguel, 896
Overbeck, Pat T., 274

Pacheo, Arsenio, 907
Paglialunga de Tuma, M., 971
Pagliaro, Harold E., 74
Palau y Dulcet, A., 879, 930, 1003
Palii, Mykola M., 361
Palomo Velazquez, Maria del Pilar, 747
Pardo Tovar, A., 578
Parker, Alexander A., 65, 73
Parker, R. B., 256
Parsons, James, 340
Pastora Herrero, José Franco, 328

Patronato Arcipreste de Hita, 440
Paulson, Ronald, 257
Peale, Clifford G., 775, 769, 778
Pelorson, Jean-Marc, 589
Penha, Evaristo de Souza, 244,
Penzol, Pedro, 792
Pérez, Andrés, 550
Pérez-Erdelyi, M., 740
Pérez Pastor, Cristóbal, 552
Peset Reig, M., 828
Petersen, Jurgen H., 167
Peyre, Henry, 41
Peyton, Myron A., 567
Pianca, Alvin H., 866
Pike, Ruth, 958
Pini, Teseo, 403
Pinero Ramírez, Pedro M., 475, 508, 536
Piper, Anson C., 441
Pizarro, Agueda, 194
Pizzorno, Silvio, 358
Place, Edwin B., 911
Poittier, Bernard, 464

Polo García, Victorino, 724
Ponce, Fernando, 111
Pons, Joseph S., 892
Pope Costa, Randolph D., 829, 834
Porqueras-Mayo, Alberto, 292-293, 874, 1009
Pourie, S. Teofila Aristides, 75
Praag, J. A. van, 859
Prieto, Antonio, 377, 394, 660
Profeti, Maria Grazia, 765
Puccini, D., 378
Rada y Delgado, Juan de Dios de la, 717
Radin, Paul, 27
Randall, Dale B. J., 653
Randolph, Donald A., 395
Rauhut, Helmut, 66
Rausse, Hubert, 851
Reamy, Milton Gerard, 938
Redondo, Agustín, 681, 701
Réxach, Rosario, 76, 674
Reyes, Alfonso, 211, 935, 950
Reynier, Gustave, 67
Ribeiro, Aguilino, 287

Ricapito, Joseph V., 77, 112, 124, 329, 410-411
Ricard, Robert, 463-464
Rici-Avelló, C., 92
Rico, Francisco, 78, 294, 304, 331
Ricord, Julio, 854
Riggan, William, 986
Riley, E. C., 878
Ripoll, Carlos, 364
Riquer, Conde Martin de, 480
Roa, F. Miguel, 239
Roberts, S., 725
Robida, A., 334
Rodrigues, Francisco, 279
Rodríguez, Alfredo, 756
Rodríguez, Juan A., 726
Rodríguez Cepeda, E., 772
Rodríguez Marin, F., 750, 979, 992
Rodríguez-Puertolas, J., 808
Rof Carballo, J., 981
Roig, Jaume, 881-890
Rolland, Romain, 50
Rosell y López, C., 905-906

Rosenberg, S., 68
Rossi, Rosa, 356, 370
Rousseau, G. S., 262
Rowland, David, 336
Rotzer, Hans G., 162
Rubio Díez, Luis J., 651
Rudder, Robert S., 341-351, 467, 482, 490, 1006
Ruffinatto, Aldo, 426
Ruiz Morcuende, F., 988
Rumeau, A., 363
Russo, Maria Teresa, 948, 955

Salamon, Noel, 226
Salas Barbadillo, A. J. de, 321, 560
Salillas, Rafael, 991
Salinas, Pedro, 371
Saludo, Maxime S., 446
Salvador, Miguel Nicasio, 954
Samoa, Carmelo, 101
Sampler, Alfred, 806
Sánchez Alonso, B., 640
Sánchez-Diez, F. J., 70
Sánchez Garcia, E., 79
Sánchez Granjel, L., 36
Sánchez Romeralo, J., 458

San Miguel, Ángel, 532
Sansone, Giuseppe E., 488-489
Santoyo, Julio C., 459
Sanz, Bienvenido, 649
Schalk, Fritz, 80
Scharfschwerdt, Jurgen, 150
Schillemeit, Jost, 147
Schklovski, Viktor, 24
Schlich, W. F., 191
Schneider, Adams, 1002
Schöll, Norbert, 165
Schönhaar, Rainer, 81, 484
Schöwerling, Rainer, 264
Schramm, E., 647
Schulte, Hansgerd, 51
Schucking, Levin L., 141
Schwering, Julius, 139
Scobie, Alexander, 174-175, 178
Scudieri Ruggieri, J., 916
Sebold, Russell P., 836, 841
Sedze, Henri, 644
Seifert, W., 158
Selig, Karl-Ludwig, 868

Senabre, Ricardo, 593

Senzier, Guy, 571

Serís, Homero, 580

Serra, Christóbal, 442

Serrano Poncela, S., 949

Shepard, Sanford, 102

Sieber, Harry, 125, 460

Silva, Helena María
    Fernándes da, 285

Silverman, Joseph H., 93

Simard, Jean Claude, 461

Simón Díaz, José, 563,
    581, 846, 914, 990

Sklovskij, V., 367

Smith, Hilary S. D., 545

Sobejano, Gonzalo, 103,
    509, 543, 809, 875

Soons, Alan, 710, 842, 998

Sordo, Enrique, 856

Soubeyroux, J., 135

Spadaccini, Nicholas, 113,
    267, 779, 803-804

Spell, Jefferson R., 201-205,
    215-216, 222-223

Spieker, Joseph B., 742

Spiller, Robert E., 31, 270

Spivakovski, Erika, 362,
    379-380

Spriewald, Ingeborg, 170

Stackhouse, Kenneth A.,
    731, 743

Stadler, Ulrich, 554

Stammler, Wolfgang, 171

Stanzel, Franz K., 38,
    253

Steffen, Hans, 151

Stehr, Christian, 163

Stender Petersen, A.,
    289

Stevick, P., 263

Stoll, Andreas, 82

Strazlkowa, Maria, 800

Strozzi, Giulio, 360

Stuiveling, Garmt, 246

Sturrock, John, 716

Stutterheim, C. F. P., 245

Suárez-Galbán, E., 172,
    443, 449, 462, 814,
    830-832, 837

Suárez de Ribera,
    Francisco, 815

Suassuna, Ariano, 284,
    287

Sylvania, Lena Evelyn
    V., 723

Taboada, Matilde, 330
Talén, Jenaro, 104
Talens Carmona, Jenaro, 661
Tamayo Vargas, A., 240
Taylor, Sheila L., 94
Terlingen, J., 857-858
Thacker, M. J., 594
Thomas, Christina W., 396
Thomas, A., 268
Tierno Galván, E., 95, 646
Todesco, Venanzio, 381
Torres Fierro, D., 237
Torres Morales, José A., 528
Trelles Graino, J., 472
Trice, Francis L., 555
Truman, R. W., 427
Turner, Albert M., 641

Uscatescu, Jorge, 114
Uttranadhie, D. 372
Valbuena Briones, Ángel, 595
Valbuena Prat, Ángel, 12, 307, 474, 702-703
Valderrey, Carmen, 115

Van Doren, Carl, 338
Van O'Connor, William, 258
Varela, José Luis, 867
Varela Muñoz, J., 450
Vasileski, Irma V., 727-728
Vega, Lope de, 44
Vélez de Guevara, L., 323, 471
Vergara, Fermín, 936
Vian, Cesco, 179, 633
Viera, David J., 126
Vilanova, Antonio, 939
Vilar, Jean, 116
Vitt, Karlheinz, 375, 481
Vossler, Karl, 642

Waddell, Helen Jane, 19
Waddicor, M. H., 193
Waley, Pamela, 861
Walter, Monika, 127
Ward, Philip, 136
Wardropper, Bruce W., 451, 511, 940
Watson, Marjorie, 96
Watt, H. E., 638
Waughs, Evelyn, 83, 251, 252

Wehle, Winfried, 189
Weiner, Jack, 382, 387
Weisgerber, Jean, 105, 428
Welles, Marcia L., 744
Welsford, Enid, 20
Welzig, Werner, 145
Weydt, Gunther, 152
Whitbourn, Christine J., 290
Wicks, Ulrich, 1, 99, 137
Wilbern, Glen, 340
Williams, Harry F., 299
Williamson, Edwin, 695
Wilson, Edmund, 252
Windler, Victoria C., 397, 416
Wisehart, Mary Ruth, 117
Wolf, Ferdinand, 503
Woodward, L. J., 863
Wyss, Kurt O., 83

Ximénez de Sandoval, F., 722

Yndurain, Domingo, 429, 865

Zahareas, Anthony N., 700, 787
Zalazar, Daniel E., 106, 241
Zamora Vicente, Alonso, 14, 576
Zwez, Richard E., 920

AUG 19 1981

Z
5917
P5
L35
1981 Suppl.